Besser in Französisch

Grammatik 7. Schuljahr

BESSER IN FRANZÖSISCH

GRAMMATIK 7. SCHULJAHR

von Michelle Beyer
und
Simone Lück-Hildebrandt

Cornelsen
SCRIPTOR

Die Autorinnen:

Michelle Beyer ist Französischlehrerin an einem Gymnasium. Französisch ist ihre Muttersprache.

Simone Lück-Hildebrandt unterrichtet Französisch an einem Gymnasium. Sie ist außerdem Beauftragte für Lehrerfortbildung im Fach Französisch.

Das Buch wurde für die 2. Auflage gründlich durchgesehen.

Gedruckt auf chlorfrei gebleichtem Papier
ohne Dioxinbelastung der Gewässer.

Die Deutsche Bibliothek – CIP-Einheitsaufnahme

Besser in Französisch. – Frankfurt am Main: Cornelsen Scriptor.
(Lernhilfen von Cornelsen Scriptor)
Grammatik/von Michelle Beyer und Simone Lück-Hildebrandt.
7. Schuljahr. – 2. Aufl. – 1995
ISBN 3-589-20914-3

6.	5.	4.	3.	2.	Die letzten Ziffern bezeichnen
99	98	97	96	95	Zahl und Jahr des Drucks.

Redaktion: Maria Bley, München
Herstellung: Kristiane Klas, Frankfurt am Main
Umschlaggestaltung: Studio Lochmann, Frankfurt am Main
Illustration: Stefan Matlik, Essenheim
Satz: Utesch Satztechnik GmbH, Hamburg
Druck und Bindearbeiten: Druckerei Gutmann GmbH, 74388 Talheim
Vertrieb: Cornelsen Verlag, Berlin
Printed in Germany
ISBN 3-589-20914-3
Bestellnummer 209143

Inhalt

So lernst du mit diesem Buch

Egal aus welchem Grund du dich entschlossen hast, deine Französischkenntnisse zu verbessern – dieses Buch wird dir helfen, beim Umgang mit der französischen Grammatik sicherer zu werden.

Der Aufbau dieser Lernhilfe entspricht ungefähr deinem Französisch-Lehrbuch, das du in der Schule benutzt. Du mußt dieses Buch aber nicht unbedingt von vorne nach hinten durcharbeiten. Wenn du ein ganz bestimmtes Problem hast, kannst du das entsprechende Thema anhand des Inhaltsverzeichnisses heraussuchen und bearbeiten.

Auch das Vokabular dieser Lernhilfe ist auf dein Französischbuch abgestimmt. Manchmal war es allerdings nicht zu vermeiden, einen Begriff aufzunehmen, den du vielleicht noch nicht kennst. Die Übersetzung findest du dann unmittelbar hinter diesem Wort.

Jedes Kapitel dieses Buches enthält:

- eine Übersicht über die behandelten Themen,
- kurze grammatische Erklärungen mit Beispielsätzen,
- ein bis zwei Übungen zum jeweiligen Thema.

Am Ende jedes Kapitels findest du einen Test. Er enthält Übungen, für die du alle behandelten Themen des Kapitels beherrschen mußt. Für diese Übungen gibst du dir anschließend Punkte und überprüfst selbst, ob du mit deinen Fortschritten zufrieden sein kannst. Wenn du nicht mehr als die Hälfte der angegebenen Punktzahl erreicht hast, solltest du das Kapitel besser noch einmal durcharbeiten.

Mit Hilfe des Lösungshefts kannst du deine Ergebnisse überprüfen. Du solltest dir die Lösungen allerdings immer erst ansehen, wenn du eine Übung vollständig bearbeitet hast.

Alle Übungen kannst du direkt im Buch bearbeiten. Am besten verwendest du dafür einen Bleistift. Dann kannst du radieren und eine Übung, mit der du nicht ganz zufrieden warst, noch einmal wiederholen.

Und nun möchten wir dir zwei Freunde vorstellen, die dich bei der Arbeit mit diesem Buch begleiten:

M. Lecoq kennt sich nicht nur mit allen Feinheiten der Sprache Frankreichs aus, als Hahn verkörpert er auch ein Wahrzeichen des Landes. Wie du sicher vom Gallier Asterix weißt, benannten die Römer das heutige Frankreich nämlich nach dem Hahn (lat. gallus).

Der Kater ist zwar kein französisches Wahrzeichen, dafür aber in fast jedem normalen französischen Haushalt anzutreffen – also auch hier.
Beide, M. Lecoq und Clochard, sind da, wenn es etwas Besonderes zu beachten gibt.

Und unsere deutsch-französischen Freunde, um die sich in diesem Buch vieles dreht, stellen sich jetzt selbst vor:

Und nun viel Erfolg und Spaß beim Üben mit diesem Buch!

Michelle Beyer und Simone Lück-Hildebrandt

*embêter – nerven *ordinateur *m* – Computer *rêve *m* – Traum

1 Das Substantiv und seine Begleiter
Le substantif et ses déterminants

A Bestimmter oder unbestimmter Artikel
B Präposition und bestimmter Artikel
de + bestimmter Artikel
à + bestimmter Artikel
C Mengenangaben

A Bestimmter oder unbestimmter Artikel

Den bestimmten und unbestimmten Artikel im Französischen kennst du schon. Aber wann verwendest du den bestimmten und wann den unbestimmten Artikel?

un	le
une	la
	l'
des	les

Brigitte regarde **une** revue.	Elle regarde **la** revue «**Phosphore**».
Yves répare **un** vélo (Fahrrad).	Il répare **le** vélo **de Magali**.
Frédéric écoute **des** chansons.	Il écoute **les** chansons **de Madonna**.
Nicht näher bestimmte Nomen werden vom unbestimmten Artikel begleitet – auch in der Pluralform.	Genauer bestimmte Nomen werden vom bestimmten Artikel begleitet.

*Also, fangen wir an?

1 *le, la, l', les* oder *un, une, des*?
Setze den passenden Artikel ein, und achte auf die Rechtschreibung im Plural.

1. Voilà ______ ____________.
   C'est ______ ____________ d'Yves.

baladeur *m*

cassette *f*

2. Voilà ______ _______________ et
   ______ _______________.
   Ce sont ______ _______________ et
   ______ _______________ de Magali.

verre *m*
bouteille *f*

3. Voilà ______ ____________ et
   ______ _________________.

guitare *f*

livre *m*

4. Voilà ______ _______________ et
   ______ _______________ de Frédéric.

journal *m*

5. Voilà ______ _______________.

ordinateur *m*

6. C'est ______ _____________________ de Magali?

gâteau *m*

7. Voilà ______ _______________.
   Qui mange ______ _______________? Brigitte, bien sûr!

bateau *m*

8. Ce sont ______ __________________ de Frédéric.

cadeau *m*

9. Oh! ______ _______________! Ça, c'est pour moi!

B Präposition und bestimmter Artikel

• *de* + bestimmter Artikel

Wird ein Nomen durch einen Namen genauer bestimmt, dann verwendest du die Präposition *de: le vélo* **de** *Magali.* Wenn das Nomen aber nicht durch einen Namen, sondern durch ein weiteres Nomen näher bestimmt wird, ergibt das:

Voilà le directeur **du** collège.	de + le = **du**
Voilà le professeur **de la** classe de Magali.	de + la = **de la**
C'est la maison de **l'**ami de Frédéric.	de + l' = **de l'**
Voilà les stands **des** marchands de fleurs.	de + les = **des**

Das Gleiche passiert, wenn nach einem Verb die Präposition *de* folgt:

Magali parle **du** camping.	de + le = **du**

Eigentlich mußt du dir nur die beiden Verschmelzungsformen merken.

2 Ergänze in den folgenden Sätzen die passende Form des Artikels.

1. Voilà M. Lebon, le professeur de sport ________ élèves de la 5e.
2. Et là, c'est Brigitte. Elle parle ________ film ________ télé avec son amie Françoise.
3. Là, c'est le bureau ________ directeur, et là, le bureau ________ secrétaire. Elle parle au professeur d'allemand de l'organisation ________ fête ________ élèves et ________ voyage de classe ________ 6e.
4. Tiens, Mlle Dubout arrive ________ piscine avec un groupe d'élèves ________ 4e.
5. Dans sa classe, Mme Michelle, la prof d'allemand, parle ________ Allemagne.

- ***à* + bestimmter Artikel**

Eine Reihe von Verben wird im Französischen mit der Präposition *à* gebildet. Hier die wichtigsten, die du zunächst einmal gebrauchen wirst:

apporter donner expliquer montrer offrir ouvrir	**quelque chose à quelqu'un**	jemandem etwas	bringen geben erklären zeigen anbieten öffnen
demander		jemanden (!) etwas	fragen
parler téléphoner	**à quelqu'un**	mit (!) jemandem	sprechen telefonieren

Folgt nach der Präposition *à* der bestimmte Artikel, ergibt das:

Brigitte donne le cahier **au** professeur.
Il rend les tests **à la** classe.
Patrick dit bonjour **à l'**animateur.
Le professeur montre des photos **aux** élèves.

à + le = **au**
à + la = **à la**
à + l' = **à l'**
à + les = **aux**

Auch hier:

*Prima, das ist einfach!

3 Hier sind die Bilder in zwei Hälften zerrissen und falsch zusammengestellt. Finde die richtigen Bildpaare, und schreibe den passenden Satz auf. Folgende Verben mußt du in dieser Reihenfolge benutzen: dire bonjour, expliquer les devoirs, donner, téléphoner, offrir, montrer.

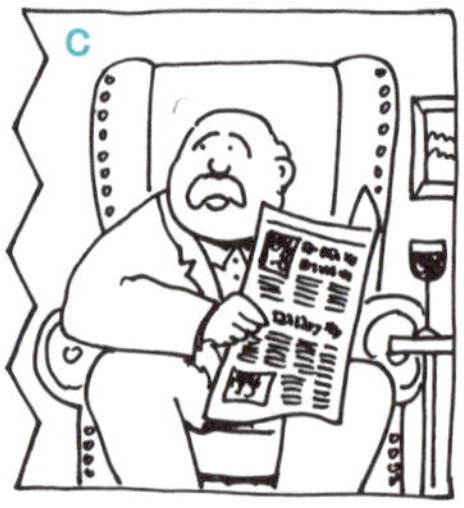

Du benötigst vielleicht noch die Übersetzung folgender Nomen:

Computer	– l'ordinateur *m*	Großmutter	– la grand-mère
Eltern	– les parents	Postbote	– le facteur
Großvater	– le grand-père	Brief	– la lettre

1. | c | Brigitte dit ____________________
2. | | ____________________
3. | | ____________________
4. | | ____________________
5. | | ____________________
6. | | ____________________

Vor Eigennamen steht kein Artikel. Es heißt also:

> Voilà la lettre **de** Patrice.
> Magali écrit **à** Rolf.

4 Chez les Lecarpentier

Jetzt üben wir alles durcheinander. Vervollständige die Sätze mit den passenden Präpositionen und Artikeln. Achte auf die Verschmelzungsformen: *du, des, au, aux.*

1. Voici la maison __________ M. et Mme Lecarpentier.
2. Voilà la chambre __________ parents et voilà la chambre __________ enfants.
3. Frédéric parle __________ test d'allemand avec Jérôme.

4. Mme Lecarpentier téléphone ________ docteur pour un rendez-vous.
5. Deux copains ________ Frédéric et ________ sa sœur Clotilde sonnent ________ porte.
6. Clotilde ouvre la porte ________ amis.
7. «Salut, Clotilde! On va ________ cinéma. Tu viens (kommst) avec nous?»
8. Frédéric arrive. Il dit bonjour ________ amis.
9. «Ah! C'est vous! C'est sympa! Vous jouez ________ foot avec Jérôme et moi?»
10. «Pas avec moi, dit Jérôme. Je rentre ________ maison.»
11. «Et nous, on va ________ cinéma avec Clotilde. Une autre fois (ein anderes Mal), Frédéric. Salut!»
12. «Et moi, alors? Je reste ________ maison? C'est ça? C'est sympa!»

C Mengenangaben

Das Wort *de* taucht noch einmal in Verbindung mit allen Mengenangaben auf:

Yves prend **un kilo de** banane**s**.
Il prend aussi 300 **grammes d'**olive**s**
et **trois kilos de** tomate**s**.

Bei zählbaren Dingen steht das Nomen nach *de* im Plural.

Magali achète **un paquet de** café.
Elle prend **une bouteille de** porto
et **deux morceaux de** gâteau.

Bei nicht zählbaren Dingen steht das Nomen nach *de* im Singular.

Nach einer Mengenangabe bleibt das *de* (oder *d'* vor einem Vokal) **unverändert**.

5 Rolf, der Brieffreund von Frédéric, macht Einkäufe für Mme Lecarpentier. Er hat sich aufgeschrieben, was er besorgen soll. Zuerst geht er auf den Markt zu Mme Martin, danach zu M. Lacombe, dem Lebensmittelhändler.

Markt:

1. 2 kg Äpfel
2. 1 kg Aprikosen (abricot *m*)
3. 5 kg Kartoffeln
4. 500 g Erdbeeren (fraise *f*)

M. Lacombe:

5. 1 Pkt. Butter
6. 1 Pkt. Zucker
7. 3 Flaschen Limonade
8. 1 Flasche Wein (vin *m*)
9. ein Glas Marmelade
10. etwas *crème fraîche*

Rolf: Bonjour, Mme Martin, je suis Rolf, le correspondant de Frédo.

Alors, je voudrais ______________________________[1] et

______________________________[2]. Je prends aussi

______________________________[3]. Et donnez-moi

______________________________[4].

M. Lacombe: Ah, bonjour Rolf, tu es le corres de Frédo, n'est-ce pas?

Rolf: Oui, c'est ça. Je voudrais ______________________________[5] et

______________________________[6]. Et quelque chose à boire:

______________________________[7] et

______________________________[8]. Je prends encore

______________________________[9]. Vous avez aussi

______________________________[10]?

M. Lacombe: Non, je regrette, aujourd'hui il n'y a pas de crème fraîche.

Test

I. Ergänze die Einzahl oder die Mehrzahl des jeweiligen Nomens. Verwende wie beim vorgegebenen Begriff entweder den bestimmten oder den unbestimmten Artikel.

Einzahl	Mehrzahl
un chat	______________
______________	les livres
______________	des gâteaux
un tapis (Teppich)	______________
une banane	______________
une cassette	______________
______________	les exercices
la marchande	______________
______________	des amies
le plateau	______________
______________	des chaises
un cadeau	______________
______________	les revues

| 13 points

II. La surprise-partie chez Frédéric
Vervollständige diesen Text. Achte auf die richtigen Artikel, die Mengenangaben und die Verschmelzungsformen (*au, aux, du, des*).

On sonne. C'est Vincent, ________[1] ami de Frédéric.

Il dit bonjour ________[2] parents de Frédéric et ________[3] amis.

Il apporte ________[4] cassettes de musique.

On sonne encore une fois. C'est Armelle. Elle arrive avec ________[5] sac (*m*).

Dans ________[6] sac, il y a ________[7] bouteilles ________[8] orangeade et ________[9] coca. Elle a aussi deux paquets ________[10] biscuits. Elle pose ________[11] bouteilles sur ________[12] table ________[13] cuisine.

Frédéric: Tu prends ________[14] verre ________[15] coca avec nous, maman?

Mme Lecarpentier: Non merci, j'ai déjà ________[16] tasse ________[17] thé.

Yves met ________[18] cassette de rock et ________[19] fête commence.

| 19 points

III. Le petit traducteur (Der kleine Übersetzer)
Wie würdest du folgendes auf Französisch sagen?

1. Ich möchte ein Kilo Aprikosen.
   Je voudrais un kilo d'abricots.
   ____
2. Ich gehe (je vais) ins Kino.
   ____
3. Ich suche die Adresse von Magali.
   ____
4. Ich rede über den Fernsehfilm.
   ____
5. Meine Mutter ruft den Arzt (médecin *m*) an.
   ____

Hier gibt es drei Punkte pro Satz. Ziehe dir für jeden Fehler einen Punkt ab (falls du welche gemacht hast).

| 12 points

2 Die Verben im Präsens (1)
Les verbes au présent

A Die regelmäßigen Verben auf *-er*
B *ouvrir* und *offrir*
C *prendre, apprendre* und *comprendre*

A Die regelmäßigen Verben auf *-er*

Den französischen Verbformen mußt du wohl oder übel etwas mehr Aufmerksamkeit widmen. Es gibt hier nämlich einen etwas größeren Formenreichtum als im Englischen. Aber nicht erschrecken! Der weitaus größte Teil der französischen Verben endet auf *-er* und wird regelmäßig konjugiert. Und du wirst sehen, auch die unregelmäßigen Verben haben ihre Regelmäßigkeiten.

Dies sind die Endungen der regelmäßigen Verben, die im Infinitiv auf *-er* enden.

	Verbstamm **regard**	Endung **er** (betrachten)	Imperativ	Genauso werden konjugiert:
je	regard	**e**		jouer (spielen)
tu	regard	**es**	regarde	apporter (holen)
elle/il/on	regard	**e**		écouter (zuhören)
nous	regard	**ons**	regardons	. . .
vous	regard	**ez**	regardez	
elles/ils	regard	**ent**		

Vor einem Vokal wird *je* apostrophiert:

Tu arrives, Frédéric?	Oui, **j'**arrive, monsieur.
Tu écoutes maintenant?	Oui, **j'**écoute.

Alles klar? Das wollen wir sehen.

1 Füge die passende Endung an.

j'apport______ vous apport______ on apport______

ils apport______ tu apport______ nous apport______

2 Ergänze das passende Pronomen und/oder die passende Verbform.

écouter

Singular	Plural
j'______________	nous ______________
_____ écoutes	_________ ___________
il ______________	_________ écoutent

Für den Imperativ (Befehlsform) gibt es im Französischen drei Formen:

Singular:	Regard**e.**	Schau!
Plural:	Regard**ons.**	Schauen wir!
	Regard**ez.**	Schaut! oder: Schauen Sie!

Die Befehlsform im Singular entspricht der Verbform der 1. Person Singular.
Bei allen drei Formen entfällt das Personalpronomen.

3 Chez Magali, après les vacances
Setze die passende Verbform ein.

jouer (4x)	sonner	écouter
entrer	apporter (2x)	regarder (2x)
adorer (über alles lieben)		

1. Magali et Brigitte ________________ aux cartes et ________________ une cassette.
2. On ________________. C'est Yves, un ami. Il ________________ dans la chambre.
3. Yves: Salut, mes belles! Ah, vous ________________ aux cartes!
4. Magali: Oui, tu ________________ avec nous?
5. Yves: Non. J'________________ les photos des vacances. ________________
6. Brigitte: Bonne idée! On ________________ les photos!
7. Magali: D'accord, et après nous ________________ aux cartes ensemble. Mais, une minute! J'________________ une bouteille de coca et des gaufres (Waffeln).
8. Yves: Des gaufres! Super! J'________________ les gaufres!

B *ouvrir* und *offrir*

Diese beiden Verben werden im Präsens wie regelmäßige Verben auf *-er* konjugiert, obwohl sie den Infinitiv auf *-ir* bilden.

	Verbstamm Endung **ouvr ir** (öffnen)	Imperativ	Genauso:
j'	ouvr **e**		offrir (anbieten, schenken)
tu	ouvr **es**	ouvre	
elle/il/on	ouvr **e**		
nous	ouvr **ons**	ouvrons	
vous	ouvr **ez**	ouvrez	
elles/ils	ouvr **ent**		

4 Trage die passende Verbform von *offrir* oder *ouvrir* ein.

1. Tu ______________ un thé à ton ami?
2. M. et Mme Lefour ______________ un bateau à Marc pour son anniversaire.
3. Qu'est-ce que vous ______________ aux parents pour Noël (für Weihnachten)?
4. ______________ les livres à la page 56, dit le professeur aux élèves.
5. On sonne. C'est Nathalie. Magali ______________ la porte et elle entre.
6. M. Lefour ______________ des fleurs (Blumen) à sa femme.
7. ______________ la fenêtre, s'il te plaît.

C *prendre, apprendre* und *comprendre*

Nun geht es richtig los! Diese Verben sind stark unregelmäßig. Da sie oft gebraucht werden, mußt du sie auswendig lernen. Und du wirst sehen, mit ein wenig Übung ist es gar nicht so schlimm. Also los!

	prendre (nehmen)	Imperativ	Genauso:
je	pren**ds**		apprendre (lernen)
tu	pren**ds**	prends	comprendre (verstehen)
elle/il/on	pren**d**		
nous	pren**ons**	prenons	
vous	pren**ez**	prenez	
elles/ils	prenn**ent**		

Die Endungen der unregelmäßigen Verben kann man sich eigentlich gut merken:

-s -s -d oder -t -ons -ez -ent

Die Befehlsform der 2. Person Singular entspricht der Verbform der 1. Person Präsens.

5 Trage die Formen von *comprendre* und *apprendre* ein.

comprendre

je ________________, tu ________________

elle ________________, nous ________________

vous ________________, ils ________________

apprendre

nous ________________, ils ________________

on ________________, j'________________

tu ________________, vous ________________

6 *prendre, apprendre* oder *comprendre*?
Vervollständige die Sätze mit der passenden Verbform. Hier mußt du das Verb aus dem Zusammenhang erschließen.

1. Tu ________________ le bus ou le métro?
2. Alain ________________ sa leçon de géographie.
3. ________________ les verbes irréguliers!
4. Nous allons à Jersey et nous ________________ le bateau.
5. ________________ les livres à la page 18!
6. J'________________ ma leçon de physique, mais je ne ________________ pas les exercices.
7. «Vous ne ________________ pas parce que (weil) vous n'________________ pas assez (nicht genug)!»

Test

I. Verbinde die Pronomen jeweils mit der passenden Verbform.

je ——	—— arrive
vous	cherches
ils	téléphone
nous	sonnent
tu	jouons
j'	arrivez
il	apprend

6 points

II. Finde die fünf Fehler und korrigiere sie.

1. je offre j'offre
2. tu écoute écoutes
3. il apprend ✓
4. ils réparent ✓
5. nous cherchons ✓
6. on ouvres ouvre
7. vous comprenez f
8. tu prends ✓
9. ranges ranger
10. elles apprennent ✓

5 points

III. Le petit traducteur
Wie würdest du dies auf französisch sagen?

1. Ich nehme den Bus Nr. 24.

____

2. Ich lerne Französisch (le français).

____

3. Ich lade Clotilde ein (inviter).

____

Zwei Punkte pro Satz – ein Punkt Abzug pro Fehler.

6 points

IV. Production guidée (Freie Textproduktion)
Ergänze diesen Text, indem du mit den vorgegebenen Wörtern Sätze bildest.
Vergiß nicht, die Verben zu konjugieren.

1. Frédéric joue?

   Non, *il apprend sa leçon d'allemand.* — apprendre/sa leçon d'allemand/il

2. On sonne.

   Ils ______________________________ — la porte/ils/ouvrir

3. Elle écoute des cassettes?

   Non, ______________________________
   ______________________________ — elle/le test/préparer/de mathématiques

4. Sprechen Sie deutsch?

   Non, ______________________________ — français/nous/parler

5. Tu joues avec l'ordinateur?

   Mais non, ______________________________ — ranger/ma chambre/je

Zwei Punkte pro Satz – ein Punkt Abzug pro Fehler.

| | 8 points |

3 Die Possessivbegleiter
Les déterminants possessifs

A Possessivbegleiter im Singular

Possessivbegleiter zeigen Besitz und Zugehörigkeit eines Nomens an. Hier ist zuerst eine Übersicht über die Formen der Possessivbegleiter, wenn der Besitzer im Singular steht:

	le chat ♂ l'amie ♀	la voiture ♀	les chats ♂ les voitures ♀
je tu elle/il	**mon** **ton** **son** } chat amie	**ma** **ta** **sa** } voiture	**mes** **tes** **ses** } chats voitures

Anders als im Deutschen richtet sich der Possessivbegleiter im Französischen nach Geschlecht und Zahl des Nomens, bei dem er steht.

Deutsch	Französisch
Magali sucht ihre Katze.	Magali cherche **son** chat.
Yves sucht seine Katze.	Yves cherche **son** chat.
Mme Dupont sucht ihr Auto.	Mme Dupont cherche **sa** voiture.
M. Dupont sucht sein Auto.	M. Dupont cherche **sa** voiture.

Die folgende Besonderheit mußt du hier allerdings beachten:

Es heißt: ma voiture *f*
mon chat *m*
aber: mon amie Nathalie *f*

Beginnt das Nomen hinter dem Possessivbegleiter mit einem Vokal, dann steht der Begleiter immer in der maskulinen Form (*mon, ton, son*).

Achte also bei den Nomen der nächsten Übungen auf die Vokale am Wortanfang.

Ergänze bei den folgenden Übungen die richtigen Possessivbegleiter.

1 Quel désordre! (Welche Unordnung!)

Magali cherche …

1. ___sa___ montre *f*
2. ________ serviette *f* de bain
3. ________ cahiers *m*
4. ________ pantalon *m*
5. ________ chaussures *f*
6. ________ sac *m*
7. ________ plan *m* de Paris
8. ________ cassettes *f*

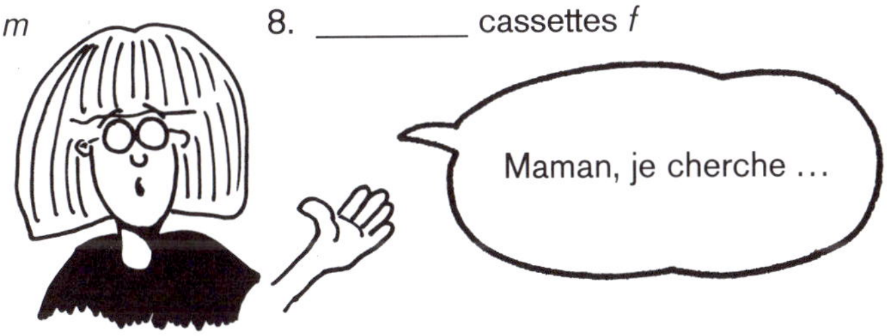

1. ma montre
2. ____________________
3. ____________________
4. ____________________
5. ____________________
6. ____________________
7. ____________________
8. ____________________

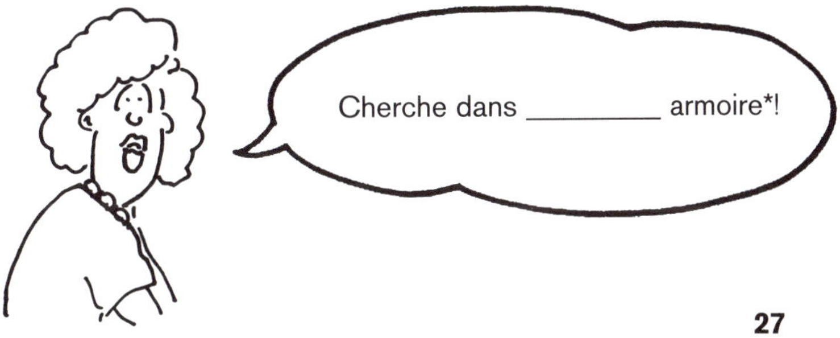

*armoire *f* – Schrank

2 La dispute (Der Streit)

Frédéric und seine kleine Schwester Clotilde (genannt Cloclo) streiten sich öfter, weil Cloclo grundsätzlich die Sachen von Frédo als ihr Eigentum betrachtet. Frédéric ist im Zimmer von Clotilde …

1. Frédo: Tu rends (zurückgeben) les cassettes?

   Cloclo: Pourquoi? Est-ce que ce sont les cassettes?

   Frédo: Oui, ce sont ________ cassettes.

   Cloclo: Ah non!! Ce n'est pas vrai (wahr)!

2. Frédo: Je prends la guitare!

   Cloclo: Pourquoi? Est-ce que c'est ________________________?

   Frédo: Oui, c'est ________________________

   Cloclo: Alors! Non!!

3. Frédo: Où est l'appareil photo?

   Cloclo: Pourquoi? Est-ce que c'est ________________________________?

   Frédo: Oui, ____

   Cloclo: Mais non! Zut alors!

La dispute continue. (Der Streit geht weiter.)
Benutze die vorgegebenen Redemittel, und setze den Streit wie oben fort.

4. Frédo: ____

   Cloclo: ____

   Frédo: ____

5. Frédo: ____

   Cloclo: ____

   Frédo: ____

6. Frédo: ____

   Cloclo: ____

   Frédo: ____

B Possessivbegleiter im Plural

Bisher ging es nur um einen Besitzer. Nun schauen wir uns das Ganze mit mehreren Besitzern an.

	le chat ♂ la voiture ♀	les chats ♂ les voitures ♀
nous	**notre**	**nos**
vous	**votre** chat/voiture	**vos** chats/voitures
elles/ils	**leur**	**leurs**

Bei mehreren Besitzern richtet sich der Possessivbegleiter nur nach der Zahl des Nomens. Die Formen für maskuline und feminine Nomen sind hier gleich.

Setze in der folgenden Übung die Possessivbegleiter im Plural ein. Achte darauf, wer mit wem spricht; wenn sich zwei über andere Personen unterhalten, mußt du eine Form von *leur* benutzen.

3 Rolf und Katrin, die Austauschpartner von Magali und Frédéric, sind zum ersten Mal bei Brigitte eingeladen.

Ce sont _vos_ chats?

Oui, ce sont __________ chats.

Ce sont __________ chats!

C'est __________ voiture?

Oui, c'est __________ voiture.

C'est __________ voiture!

Ce sont __________ vélos?

Oui, ce sont __________ vélos.

Ce sont __________ vélos!

Es gibt hier noch ein kleines Problem:
leur leurs

In der gesprochenen Sprache kannst du den Unterschied zwischen der Singular- und der Pluralform von *leur* nicht feststellen. Aber im Schriftlichen mußt du den Unterschied beachten.

Frédéric et Magalie disent bonjour à leu**r** professeu**r**.	Frédo et Cloclo disent bonjour à leur**s** parent**s**.

4 Frédéric erzählt Yves, was er bereits von Rolf über die Schule in Deutschland erfahren hat.
Setze die richtige Form ein: *leur* oder *leurs.*

Tu sais, leurs[1] cours durent 45 minutes.

__________[2] récréation est à neuf heures et demie.

Les élèves allemands sont presque toujours (fast immer) dans __________[3] salle de classe.

__________[4] directeur donne aussi des cours.

A trois heures et demie, ils font déjà __________[5] devoirs.

Après, ils jouent avec __________[6] copains ou ils font les courses pour __________[7] parents.

__________[8] sport préféré (bevorzugt), c'est le tennis.

__________[9] grandes vacances (große Ferien) durent six semaines.

C Die Possessivbegleiter in der höflichen Anrede

Im Französischen gibt es wie im Deutschen für die höfliche Anrede im Singular und im Plural denselben Begleiter: Sie und *vous.*

Nehmen **Sie** einen Kaffee? — **Vous** prenez un café?
Haben **Sie** Artischocken? — **Vous** avez des artichauts?

Auch die Possessivbegleiter in der Höflichkeitsform (*votre/vos*) richten sich nach der Zahl des Nomens, das sie begleiten.

vous (Sie)	**votre** { chat *m* / voiture *f*	**vos** { chat**s** / voiture**s**

Monsieur, vous avez oublié **votre** chapeau.
Pardon, les dames, c'est **votre** chien?
Vous cherchez **vos** clés, monsieur?

Aufgepaßt! In der nächsten Übung haben wir die Höflichkeitsform mit anderen Formen vermischt.

5 Ein Reporter macht ein Interview für die Zeitschrift *Les Hôtels en France.* Er spricht mit monsieur und madame Leblanc.
Ergänze in diesem Interview die Possessivbegleiter.

vos	notre	~~votre~~	nos	vos	leur	leurs	~~nos~~
leur	notre	nos	~~leurs~~	leurs			

Reporter: Monsieur et madame Leblanc, combien de chambres a votre[1] hôtel?

M. Leblanc: ______________[2] hôtel a sept chambres, six au premier étage, quatre au deuxième et deux au trosième.

Reporter: Est-ce que ______________[3] chambres sont avec douche?

Mme Leblanc: Eh oui, ______________[4] chambres sont avec douche.

Reporter: Où est-ce que ______________[5] clients (Kunden, Gäste) prennent ______________[6] petit déjeuner et leurs[7] repas?

Mme Leblanc: ______________[8] clients prennent ______________[9] petit déjeuner sur la terrasse et ils prennent ______________[10] repas au restaurant.

Reporter: Est-ce que l'hôtel est au centre-ville?

M. Leblanc: Oui, ______________[11] hôtel est au centre-ville et nos[12] clients font ______________[13] courses sans problèmes.

Reporter: Merci pour l'interview, monsieur et madame Leblanc!

Hier sind alle Formen der Possessivbegleiter noch einmal in der Übersicht:

	♂ ♀*	♀	♂ ♀
je tu elle/il	mon ton son	ma ta sa	mes tes ses
nous vous elles/ils	notre votre leur		nos vos leurs
vous (Sie)	votre		vos

*Diese Form steht vor femininen Nomen nur dann, wenn sie mit einem Vokal beginnen.

Test

Geht es dir auch manchmal so? Du suchst etwas Bestimmtes, und du findest etwas anderes.

I. In der folgenden Übung mußt du dir für die jeweiligen Sätze die Gegenstände aus den beiden Kästen zusammensuchen. Achte dabei auf das Geschlecht und die Zahl des Begriffs.

On cherche ...

1. montre *f*	6. manteau *m*
5. plan *m* de ville	2. cravate *f*
8. appareil photo *m*	7. livres *m*
4. boules *f*	3. chien *m*

On trouve ...

a) chaussette *f*	b) jeans *m*
d) portemonnaie *m*	h) cartes *f* postales
c) chat *m*	f) parapluie *m*
e) tickets *m*	g) cahiers *m*

Rolf cherche sa montre[1].

Il trouve ______________________[a)].

Frédéric: Où est ____________________[2]?

Ah voilà, ________________[b)].

Les Dupont cherchent ____________________[3].

Ils trouvent ____________________[c)].

Cloclo: Tu sais, où sont ____________________[4]?

Frédo: Non, mais voilà ____________________________[d)].

Mme et M. Leblanc: Où est ____________________________[5]?

Eh bien, voilà ______________________[e)].

Le garçon au restaurant: Vous cherchez __________________________[6], madame?

La dame: Oui, mais voilà ________________________[f)].

Frédo et Cloclo: Où sont ____________________[7], maman?

La mère: Je ne sais pas. Mais voilà ____________________[g)].

Les quatre amis cherchent __________________________________[8].

Ils trouvent __________________________________[h)].

15 points

4 Die Verben im Präsens (2)
Les verbes au présent

A Verben vom Typ *entendre* und *attendre*
B *être* und *avoir*
C *aller*

A Verben vom Typ *entendre* und *attendre*

Bei den Verben auf *-(d)re* unterscheiden sich nur die Endungen im Singular von den Endungen der Verben auf *-er.*

	entend re (hören)	Imperativ	Genauso:
j'	entend **s**		attendre (warten)
tu	entend **s**	entends	répondre (antworten)
elle/il/on	entend**d**		descendre (hinuntergehen, aussteigen)
nous	entend **ons**	entendons	
vous	entend **ez**	entendez	rendre (zurückgeben)
elles/ils	entend **ent**		

1 Devant l'école
Setze die richtige Form von *attendre* ein.

Jacques ___________[1] devant le collège. A côté de Jacques, Monique et Nathalie

_______________[2] aussi.

Jacques: Vous ______________[3] qui?

Monique: Nous ______________[4] Marie. Et toi, tu ___________[5] qui?

Jacques: J'___________[6] Émile.

Puis Marc arrive et s'arrête (bleibt stehen) devant l'école.

Marc: Salut. Vous ______________[7] qui?

Nathalie: Jacques ___________[8] Émile et nous, nous ______________[9] Marie.

Et toi, tu ___________[10] qui?

Marc: Moi, j'attends[11] le bus.

Le bus arrive. Marc monte.

Jacques, Nathalie et Monique attendant[12] encore (immer noch).

B *être* und *avoir*

Die beiden Verben *être* und *avoir* werden nicht nur sehr oft verwendet, sie sind auch sehr unregelmäßig. Das ist übrigens in vielen Sprachen so. Man kommt nicht drumherum, sie auswendig zu lernen.

	être (sein)		**avoir** (haben)
je	suis	j'	ai
tu	es	tu	as
elle/il/on	est	elle/il/on	a
nous	sommes	nous	avons
vous	êtes	vous	avez
elles/ils	sont	elles/ils	ont

Verwechsle nicht *ils ont* = sie haben (weiches s mit Bindung)
mit *ils sont* = sie haben (hartes s).

Beispiel:
Ils **sont** malades. (Sie sind krank.)
Ils **ont** la grippe. (Sie haben Grippe.)

Merke dir auch unbedingt, daß die Altersangabe – anders als im Deutschen – mit *avoir* gebildet wird.

2 *être* oder *avoir*?

A la M.J.C.*, Brigitte et Magali font la connaissance (kennenlernen) de Claude.

Claude: Vous ___________[1] d'ici (von hier)?

Brigitte: Oui, nous _______________[2] de Paris. Et toi, tu ______[3] d'ici?

Claude: Non, je ___________[4] de Strasbourg.

Magali: Ah, Strasbourg! Mes grands-parents _________[5] aussi de Strasbourg! C'_________[6] une belle ville.

Claude: Quel ______[7] le nom de tes grands-parents?

Magali: Genêt, comme moi.

Claude: Genêt, non, je ne connais (kenne) pas ce nom. Quel âge vous _________[8]?

Magali: Moi, j'______[9] quinze ans et Brigitte ______[10] quatorze ans. Et toi, tu ______[11] quel âge?

Claude: J'______[12] seize ans.

*Maison des Jeunes et de la Culture – Jugendzentrum

C *aller*

Das Verb *aller* endet zwar auf *-er,* es ist aber stark unregelmäßig. Du lernst die Formen am besten gleich auswendig, denn *aller* wird wie *avoir* und *être* sehr oft benutzt. Es dient als Hilfsverb, um das *futur proche* (nahe Zukunft) zu bilden.

	aller (gehen)	Imperativ
je	vais	
tu	vas	va
elle/il/on	va	
nous	allons	allons
vous	allez	allez
elles/ils	vont	

*Geh hin! Fange an!

3 Ergänze die richtige Form von *aller.*

Brigitte: Salut, Yves!

Yves: Salut vous deux! Comment ça ________ [1]?

Magali: Nous ______________ [2] bien, et toi, tu ___________ [3] bien?

Yves: Non, moi, ça _________ [4] mal. Je ___________ [5] chez le dentiste, alors …

Brigitte: Oh, mon pauvre (du Ärmster)!

Yves: Et vous ______________ [6] où?

Magali: Nous ______________ [7] à la piscine.

Yves: Bonne idée! Après, je ___________ [8] aussi à la piscine. Alors, à tout à l'heure (bis gleich)!

Brigitte: C'est ça! Allez, Magali! On y ________ [9]!

Test

I. Kreuze an, ob die Verbformen richtig oder falsch sind. Korrigiere die Fehler, wenn es nötig ist.

	r	f	
1. tu entend		x	tu entends
2. je vais			
3. nous sommes			
4. vous allez			
5. ils allent			
6. elles descendent			
7. il descent			
8. vas!			
9. ils répondont			
10. j'as			
11. elle rend			
12. vous êtez			

| 12 points

II. Setze die passende Verbform ein.

1. Monique ______________ le bus. attendre
2. Je ________________ au professeur. répondre
3. Vous ________________ du bus place Royale. descendre
4. La marchande ______________ la monnaie. rendre
5. «Les enfants! Rangez votre chambre.
   Vous ________________?» entendre
6. «Qu'est-ce que vous ______________ vendre
   comme fruits aujourd'hui?»
7. Magali _______ 38°. avoir

8. Les touristes ________________ du bus. — descendre

Ils ___________ à la tour Eiffel. — aller

9. Aujourd'hui, nous ________________ les livres de maths au prof. — rendre

10 points

III. *être* oder *avoir*?

Magali zeigt ihrer Brieffreundin Katrin ein paar Fotos und kommentiert sie.
Ordne zuerst die Texte den Bildern zu. Schreibe dann Magalis Erklärungen auf.
Verwende dabei die Verben *avoir* oder *être*.

1

2

3

4

5

Text	Bild	
a)	5	Là/une allergie./mon cousin/? Là, mon cousin a une allergie.
b)		à la/nous/?/piscine./Là ________________
c)		?/Là/nous/une panne. ________________
d)		Voilà mon chat Clochard. Il/deux ans/? ________________
e)		Là/avec/tante Amélie./?/je ________________

Zwei Punkte pro Satz – ein Punkt Abzug pro Fehler.

8 points

5 Der Aussagesatz
La phrase déclarative

A Das direkte und das indirekte Objekt
B Die adverbiale Bestimmung
C Die Stellung der Objekte und der adverbialen Bestimmungen

A Das direkte und das indirekte Objekt

Wie im Deutschen mußt du zwischen dem direkten Objekt (Akkusativ) und dem indirekten Objekt (Dativ) unterscheiden. Das indirekte Objekt erkennst du daran, daß es mit *à* angeschlossen ist.

Subjekt	Prädikat	direktes Objekt	indirektes Objekt
Magali	fait	ses devoirs.	
Elle	cherche	Frédéric.	
Frédéric	donne	son stylo	à Magali.
Il	montre	des photos	aux amis.
Yves	parle		à Brigitte.
		wen? oder was?	wem?

Du ersparst dir viele Probleme, wenn du gleich lernst, mit welchem Objekt die Verben verbunden sind. Mit *à* werden häufig diejenigen Verben angeschlossen, die im Satz eine Beziehung zwischen zwei Personen ausdrücken:

(Yves) ← parle à → (Brigitte.)

Genauso:

dire	– sagen	écrire	– schreiben	offrir	– anbieten
raconter	– erzählen	donner	– geben	demander	– fragen
téléphoner	– telefonieren				

Aber es gibt Unterschiede zum Deutschen, die du dir besonders gut merken mußt:

écouter	**quelqu'un** (qn) le professeur	dir. Obj.	jemand**em** zuhören dem Lehrer zuhören	indir. Obj.
attendre	**quelqu'un** une amie	dir. Obj.	**auf** jemand**en** warten auf eine Freundin warten	dir. Obj. + Präposition
demander	**à** quelqu'un **à** un ami	indir. Obj.	jemand**en** fragen einen Freund fragen	dir. Obj.

Nun wollen wir mal sehen, ob du die Verben mit dem richtigen Objekt verbinden kannst. Es geht hier nur um Personen.

1 Kreuze die passende Verbergänzung an.

Verb	direktes Objekt *qn*	indirektes Objekt *à qn*
téléphoner		x
attendre warten	X	
écrire schreib		X
penser (denken)		X
aimer	X	
inviter ein Pad.	X	
demander		X
raconter		X

2 Rolf ist noch nicht sehr gut in Französisch. Vielleicht kannst du ihm ein bißchen helfen. Korrigiere seine Sätze, wenn nötig. Schreibe die richtige Version darunter.

1. Ma copine a des problèmes en maths. Elle demande une explication (Erklärung) son frère.

   ____

2. Magali attend à Brigitte.

   ____

3. Pour mon anniversaire, j'invite aussi Brigitte.

   ____

4. Rolf, tu écris tes parents?

   ____

B Die adverbiale Bestimmung

Zu einem Aussagesatz gehört auch eine Orts- oder Zeitangabe (adverbiale Bestimmung des Ortes oder der Zeit), manchmal auch beides. In den Kapiteln 10 und 11 werden wir darauf noch ausführlich eingehen. Hier aber schon eine erste Übersicht:

Subjekt	Prädikat	dir. Objekt/ indir. Objekt	adverbiale Bestimmung	
Frédéric Magali	écoute téléphone	un disque à Brigitte	**dans sa chambre.** **le week-end.**	a) des Ortes/wo? b) der Zeit/wann?

C Die Stellung der Objekte und adverbialen Bestimmungen

Die Satzstellung im Aussagesatz ist einfach: Subjekt und Prädikat bilden das Kernstück des Satzes.
Hier der französische Satzfächer:

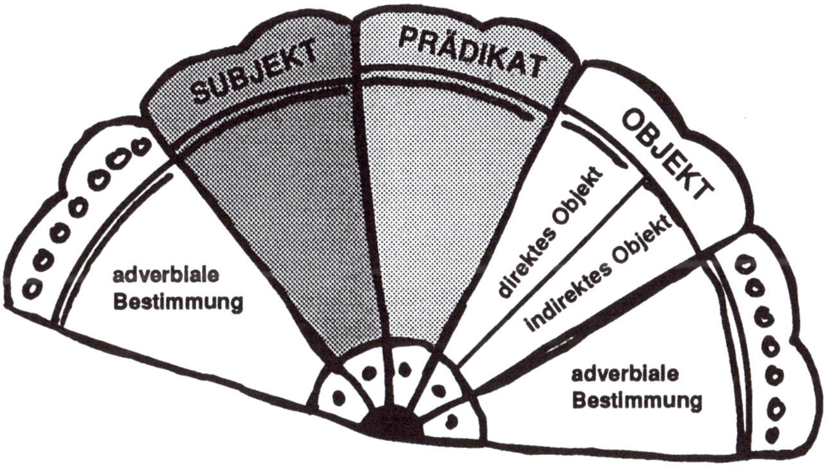

- Das direkte Objekt steht im Satz direkt nach dem Verb (Prädikat).
- Das indirekte Objekt steht in der Regel nach dem direkten Objekt, es sein denn, es gibt im Satz nur ein indirektes Objekt.
- Die adverbiale Bestimmung steht entweder am Anfang oder am Ende des Satzes.

3 Bringe die Satzelemente in die richtige Reihenfolge.

1. il/la revue/à sa sœur/donne

____

2. offre/la mère/aux filles/un bol de chocolat

____

3. à Magali/raconte/Frédéric/une histoire

____

4. les amis/attendent/ils/devant le cinéma

____

5. des photos/aux grands-parents/montre/il

____

6. prend/après le repas/tout le monde/un café

____

Test

I. Production guidée
Rolf und Katrin besuchen einen Französischkurs für Ausländer. Dort ist auch Fatima. Ihr Lehrer hat sich ein Sprachspiel ausgedacht: Um den folgenden Text zu vervollständigen, fischt Rolf Karten mit Prädikaten aus einem Gefäß. Katrin muß die Karten mit den passenden direkten und indirekten Objekten aus einem zweiten Gefäß angeln, und Fatima fischt schließlich die noch fehlenden adverbialen Bestimmungen aus einem dritten Gefäß.

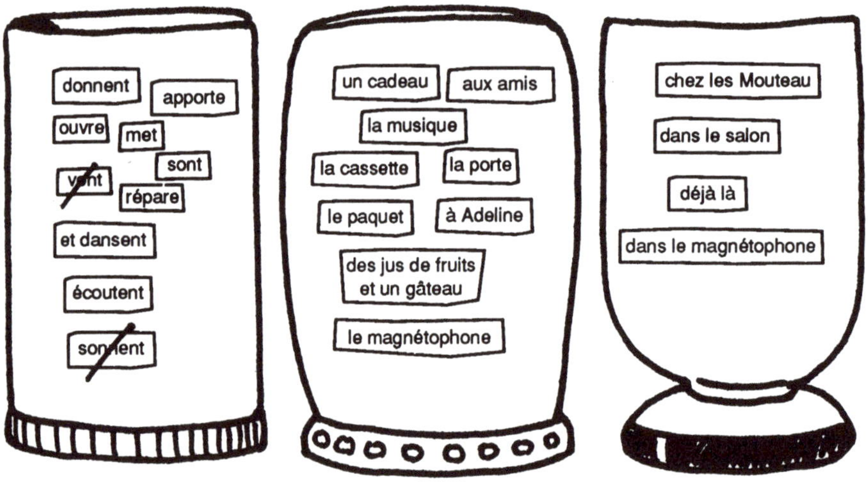

Adeline fête son anniversaire.

1. Delphine et Alexis sonnent ________________________________.
2. Mme Mouteau ______________________________ ______________________________.
3. Les amis ______________________________ ______________________________.

4. Adeline ______________________________.

«Oh, une cassette de Madonna!» dit Adeline. «Merci beaucoup!»

5. Delphine et Alexis vont ______________________________.
6. Robert et Jean ______________________________.
7. La maman d'Adeline ______________________________ ______________________________.
8. Adeline ______________________________ ______________________________.

Mais le magnétophone ne marche pas.

9. Alexis ______________________________.
10. Les amis ______________________________ et ____________________.

Zwei Punkte pro Satz – ein Punkt Abzug pro Fehler.

20 points

II. Le petit traducteur

1. Die Marktfrau zeigt Mme Genêt eine Ananas.

____

2. Nach der Schule telefoniert Pierre mit Magali.

____

3. Yves gibt Brigitte seinen Walkman.

____

4. Ich schreibe Großmutter einen Brief.

____

| 8 points

6 Die Frage
L'interrogation

A Die Entscheidungsfrage: Intonation oder *est-ce que*
B Fragen mit Fragewort und *est-ce que*
C Fragen mit Fragewort ohne *est-ce que*

A Die Entscheidungsfrage: Intonation oder *est-ce que*

Auf die einfachste Frageform, die Entscheidungsfrage, kann man nur mit *oui* oder *non* antworten.
Es gibt im Französischen zwei Möglichkeiten, eine Entscheidungsfrage zu formulieren.

- **Die Intonationsfrage**

Hierbei wird ein ganz normaler Aussagesatz gebildet und die Stimme am Satzende angehoben.

Frédéric est là? → Oui, il est là.
→ Non, il est chez Yves.

Die Intonationsfrage wird nur in der gesprochenen Sprache verwendet.

- **Die Entscheidungsfrage mit *est-ce que***

Grundsätzlich gilt: Bildet man die Frage mit *est-ce que,* so bleibt die Satzstellung des Aussagesatzes – Subjekt, Prädikat, Objekt – erhalten.

	Subjekt	Prädikat	Objekt (hier direktes)	
	Frédéric	fait	des exercices.	
Est-ce que	Frédéric	fait	des exercices?	Oui, … Non, …

Die Entscheidungsfrage mit *est-ce que* wird in der gesprochenen und auch in der geschriebenen Sprache verwendet.

Est-ce que + Vokal ergibt: *est-ce q**u'***.
Zum Beispiel: *Est-ce **qu'il** est-là*?

1 Bilde mit *est-ce que* die passende Frage. Hier zunächst ein Beispiel:
Frage: Est-ce que Frédéric écoute une cassette? (une cassette)
Antwort: Non, il regarde la télé.

1. ____________________________________? (au marché)

Oui, elle va au marché.

2. ____________________________________ (à la bibliothèque)

____________________?

Non, Brigitte est à la cantine.

3. ____________________________________ (un jus d'orange)

____________________?

Non, je (!) prends un chocolat chaud.

4. ____________________________________ (le petit déjeuner)

____________________?

Oui, Yves prend le petit déjeuner.

5. ____________________________________ (un magnétophone)

____________________?

Non, c'est un appareil photo.

6. ____________________________________ (à Toulouse)

____________________?

Oui, ils habitent à Toulouse.

7. ____________________________________ (avec Yves)

______________________________?

Non, Magali fait des courses avec Brigitte.

8. ____________________________________

______________________________?

Oui, nous allons à la tour Eiffel.

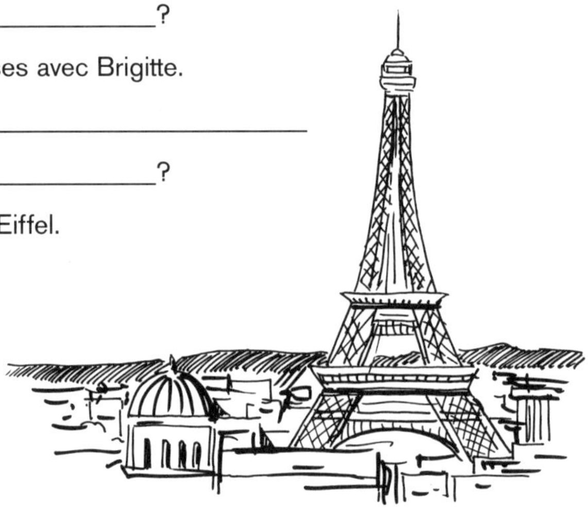

B Fragen mit Fragewort und *est-ce que*

Auch bei der Frage, die mit einem Fragewort und der *est-ce que*-Formel gebildet wird, bleibt die Satzstellung des Aussagesatzes erhalten.

- **Frage nach dem direkten Objekt oder einer adverbialen Bestimmung**

	Fragewort	*est-ce que*-Formel	Subjekt	Prädikat	Objekt/adverbiale Bestimmung
was	Qu'		Magali	dit	à Yves?
wo	Où		tu	achètes	les fleurs?
wann	Quand	**est-ce que/**	ils	arrivent?	
warum	Pourquoi	**est-ce qu'**	Brigitte	est	au lit?
wieviel	Combien		Frédéric	paie	pour la cassette?
			Aussagesatz		

Que + *est-ce que* ergibt: ***Qu'e****st-ce que* (was).

2 Die folgenden Sprechblasen sind durcheinandergeraten. Ordne die Fragen und Antworten richtig zu.

1. Quand est-ce que tu fais du sport?
2. Pourquoi est-ce qu'Yves est au lit?
3. Mais où est-ce que Frédéric va maintenant?
4. Qu'est-ce que vous faites, ce soir?
5. Pourquoi est-ce que tu téléphones à Brigitte?
6. Quand est-ce qu'on joue au tennis?
7. Qu'est-ce que c'est?
8. Où est-ce que Mme Lecarpentier travaille?

a) Mme Lecarpentier travaille au collège.
b) Parce que je ne trouve pas mon livre de maths.
c) On va au cinéma, ce soir.
d) Je fais du sport, le mercredi après-midi.
e) Parce qu'il a la grippe.
f) Maintenant, Frédo va au marché.
g) C'est un ordinateur.
h) Dimanche, on joue au tennis.

1. d)	2.	3.	4.	5.	6.	7.	8.

- **Frage nach dem indirekten Objekt (hier: Personen)**

	Fragewort	*est-ce que-* Formel	Subjekt	Prädikat	Objekt/adverbiale Bestimmung
wem	A qui	est-ce que	Brigitte	offre	le cadeau?
mit wem	Avec qui	est-ce qu'	il	va	au cinéma?
für wen	Pour qui	est-ce que	Mme Leblanc	prépare	le repas?
			Aussagesatz		

3 Vervollständige die folgenden Sätze mit den Fragewörtern *à qui, avec qui, pour qui* und *est-ce que.* Die unterstrichenen Satzteile im Antwortsatz helfen dir, das richtige Fragewort zu finden.

1. A qui est-ce qu' elle ouvre la porte?
   Elle ouvre la porte au médecin.
2. ______________ Christine regarde la télé?
   Elle regarde la télé avec Pierre.
3. ______________ Mme Leconte achète les kiwis?
   Elle achète les kiwis pour Christine; elle est malade.
4. ______________ tu téléphones tous les jours, Magali?
   Je téléphone à Brigitte; elle est ma meilleure (beste) copine.
5. ______________ Rolf achète des souvenirs?
   Il achète des souvenirs pour ses parents.
6. ______________ tu vas à la discothèque, Katrin?
   Je vais avec Frédéric.

C Fragen mit Fragewort ohne *est-ce que*

Nicht immer kann die *est-ce que*-Formel benutzt werden, so zum Beispiel bei Fragen nach dem Subjekt.

- **Frage nach dem Subjekt (hier: Personen)**

	Subjekt	Prädikat	Objekt/adverbiale Bestimmung
	Brigitte	est	la copine de Magali.
	Frédéric	écoute	une cassette.
	Mme Lecarpentier	travaille	à l'école.
		est	la copine de Magali?
wer	**Qui**	écoute	une cassette.
		travaille	à l'école?

4 Stelle die richtigen Fragen, und benutze dabei nur das Fragewort *qui*.

Questions: Réponses:

1. Qui est Katrin?

Katrin est la correspondante de Magali.

2. ______________________________?

Frédéric aime la musique.

3. ______________________________?

Yves? C'est l'ami de Frédéric.

4. ______________________________?

C'est Mme Lecarpentier.

5. ______________________________?

Le professeur parle à Brigitte.

6. ______________________________?

Gilles est l'animateur de la M.J.C.

7. ______________________________?

Ce sont les grands-parents de Magali.

• Fragen mit Fragewort und Inversion

Diese Frageform ist nicht ganz einfach. Das folgende Schaubild zeigt dir, wie die Inversion (Umstellung) gebildet wird:

		Subjekt	Prädikat	Objekt/adverbiale Bestimmung
		Yves	fait	ses devoirs.
was	Que	fait	Yves?	(hiernach wird gefragt)
	Fragewort	Prädikat	Subjekt	

Steht das Subjekt nach dem Prädikat, spricht man von Inversion.

Weil die Frageform mit Inversion nicht ganz einfach ist, solltest du dir zunächst drei Fälle merken, in denen die Inversion angewendet wird.

	Fragewort	Prädikat	Subjekt	Objekt/adverbiale Bestimmung
1. Fall: Das Subjekt ist ein Nomen (kein Pronomen).				
was	**Que**	fait	Brigitte?	(hiernach wird gefragt)
	Que	dit	Magali?	
2. Fall: Gefragt wird **nur** nach dem Ort.				
wo	**Où**	est	la discothèque?	(hiernach wird gefragt)
	Où	sont	les disques?	
3. Fall: Gefragt wird **nur** nach dem Preis.				
wieviel	**Combien**	coûte	la glace?	(hiernach wird gefragt)
	Combien	coûtent	les croissants?	

Die folgende Besonderheit mußt du dir hierbei merken:
Wird im 2. und 3. Fall nach

dem Ort }
dem Preis } im Zusammenhang mit einer Tätigkeit

gefragt, dann mußt du die *est-ce que*-Formel mit der Satzstellung Subjekt – Prädikat (wie im Aussagesatz) benutzen.

Où **est-ce que** tu **danses**?
Combien **est-ce que** tu **paies** pour la discothèque?

5 Magali telefoniert mit ihrer Tante Amélie, die ein bißchen schwerhörig ist. Als Magali über ihre Austauschpartnerin Katrin berichtet, muß Tante Amélie immer nachfragen.
Formuliere die Fragen mit dem Fragewörtern *qui, que, où, combien.* Überlege, wann du die *est-ce que*-Formel benutzen mußt.

1. Maintenant Katrin zzzzz une lettre.
2. Ses parents sont à zzzzzzzzz
3. zzzzzzzz est en Angleterre.
4. Mes parents disent zzzzzzzz
5. Son père travaille à zzzzzzz
6. Rolf et Yves font zzzzzzz
7. Ce soir, elle va à zzzzzzz
8. Le train jusqu'à (bis nach) Düsseldorf coûte zzzzzz

Test

I. Un reportage au marché

Rolf und Katrin machen eine Reportage auf dem Markt von Montmartre. Auf einem Blatt haben sie sich Notizen gemacht, wen sie fragen und welche Fragen sie stellen wollen. Als erstes sprechen sie einen Kunden an, dann eine Kundin und schließlich Mme Martin, die Marktfrau.

1. un monsieur
   a) acheter, aujourd'hui, que
   b) payer pour les fraises, combien
   c) être bon marché, les aubergines (Entscheidungsfrage)
   d) acheter, l'ananas, pour qui

2. une dame
   a) aimer le marché (Entscheidungsfrage)
   b) faire les courses, avec qui
   c) prendre pour le repas, que
   d) le stand de Mme Martin, où

3. Mme Martin
   a) être au marché, quand
   b) vendre des artichauts, aujourd'hui (Entscheidungsfrage)
   c) coûter, les tomates, combien
   d) offrir une poire, à qui

1. Bonjour, monsieur.

a) *Qu'est-ce que vous achetez aujourd'hui?*

b) ______________________________

c) ______________________________

d) ______________________________

2. Bonjour, madame.

a) ______________________________

b) ______________________________

c) ______________________________

d) ______________________________

3. Bonjour, madame Martin.

a) ______________________________

b) ______________________________

c) ______________________________

d) ______________________________

Pro Satz zwei Punkte – ein Punkt Abzug pro Fehler.

| 22 points

7 Die Verneinung
La négation

A Die Verneinungsformel *ne … pas*
B Das Verneinungsadverb *pas de*
C Weitere Verneinungsformeln

A Die Verneinungsformel *ne … pas*

M. Lecarpentier **ne** rentre **pas** à la maison.	M. Lecarpentier geht **nicht** nach Hause.
Brigitte **ne** prend **pas** le métro.	Brigitte nimmt **nicht** die U-Bahn.
Magali **n'**écrit **pas** à ses parents.	Magali schreibt ihren Eltern **nicht**.

Anders als im Deutschen brauchst du im Französischen für die Verneinung zwei Teile: ***ne*** und ***pas.***

Brigitte

au cinéma.

Die Verneinungswörter *ne… pas* umschließen das konjugierte Verb wie eine Klammer. Vor einem Vokal oder einem stummen *h* wird *ne* zu *n'*:

Elle **n' é**crit pas.	Il **n' h**abite pas à Paris.

1 Qu'est-ce qu'on fait?

1. Katrin: Est-ce qu'on va au Louvre?

   Magali: Non, on ne va pas au Louvre, on va au quai (Ufer) de la Seine.

2. Yves: Je prends le métro.

   Brigitte: Non, ______________________, je prends le bus.

3. Brigitte: Frédo, est-ce que tu fais les grands magasins (Kaufhausbummel) avec moi?

   Frédéric: Non, ______________________

   ______________, je fais une visite à la Villette.

4. Frédéric: J'aime Montmartre.

   Magali: Non, ______________________.

5. Magali et Katrin: Est-ce que nous allons dans un salon de thé?

   Frédéric et Rolf: Non, ______________________

   ______________, nous allons au cinéma.

6. Brigitte et Katrin: Est-ce que l'ascenseur (Aufzug) de la tour Eiffel marche?

   Yves: Non, ______________________,

   nous prenons l'escalier.

7. La mère d'Yves: Est-ce que tu vas au marché pour acheter des fruits?

   Yves: Non, ______________________,

   je vais au café-tabac pour acheter la revue *Tour de France.*

B Das Verneinungsadverb *pas de*

Rolf et Yves font le marché (gehen auf den Markt).

Ils demandent **une** salade, mais la marchande n'a **pas de** salade.
Ils demandent **des** pommes, mais elle n'a **pas de** pommes.
Ils cherchent **un** ananas, mais elle n'a **pas d'**ananas.

Die unbestimmten Artikel *un, une, des* werden in der Verneinung zu *de* oder *d'* (kein, keine).

2 Au bazar de la plage
Wähle jeweils einen der vier Satzanfänge aus.

1. Vous avez des timbres (Briefmarken)? — Non, monsieur, nous n'avons pas de timbres. Vous achetez des timbres à la poste.
2. Je voudrais bien avoir (ich hätte gerne) deux baguettes. — Mais, monsieur, ______________________ ______________________, allez à la boulangerie.
3. Où sont les appareils photo? — ______________________ ______________________, allez dans un magasin de photo.

4. Je cherche un journal de sport. ______________________ ______________.

5. Est-ce que vous avez un maillot de bain (Badeanzug) pour ma femme? Mais non, monsieur, ______________ ______________________ ______________. Allez dans une boutique.

6. Est-ce que vous avez des lunettes de soleil (Sonnenbrille)? Je regrette, monsieur, ______________ ______________________.

7. Je voudrais bien avoir une glace. Non, monsieur, ______________ ______________.

Leider mußt du bei der Verwendung des Verneinungsadverbs noch ein paar Ausnahmen beachten.

Rolf:	Voilà une salade!	
Yves:	Ecoute, ce n'**est pas une** salade, c'est un artichaut.	*être* → unbestimmter Artikel
Yves:	Tu aimes les pommes?	
Rolf:	Non, je n'**aime pas les** pommes.	*aimer* → bestimmter Artikel

Trotz der Verneinung bleibt bei *être* der unbestimmte Artikel und bei *aimer* der bestimmte Artikel erhalten.

3 Magali et Katrin font des courses aux Galeries Lafayette (große Kaufhauskette in Frankreich).

1. Katrin: Est-ce que c'est une cassette?

   Magali: Mais non, ______________________________________,

   c'est un disque compact.

2. Katrin: Regarde, tu aimes les lunettes de Lacoste?

   Magali: Non, ______________________________________.

3. Katrin: Est-ce que ce sont des cartes postales?

   Magali: Mais non, ______________________________

   ____________________, c'est un livre sur Paris.

4. Katrin: Ton père, il aime le parfum?

   Magali: Bien sûr que non, ______________________

   ______________________, mais il aime peut-être un gel pour la douche.

5. Katrin: Ah, voilà des citrons!

   Magali: Mais non, Katrin, ______________________

   ______________________, ce sont des fruits confits (Konfekt).

Auch bei den folgenden Ausdrücken mußt du beachten, daß die Regel – nach *pas* steht *de* – nicht gilt!
Am besten lernst du diese Ausdrücke auswendig.

Je n'ai pas le temps.	Ich habe keine Zeit.
Je n'ai pas soif.	Ich habe keinen Durst.
Je n'ai pas faim.	Ich habe keinen Hunger.
Je n'ai pas peur.	Ich habe keine Angst.

C Weitere Verneinungsformeln

Außer der Verneinungsformel *ne … pas* (nicht) gibt es wie im Deutschen noch andere Möglichkeiten der Verneinung.
Hier ein Überblick über diese Verneinungsformeln:

bejaht			verneint	
etwas	quelque chose	↔	ne … rien	nichts
noch	encore	↔	ne … plus	nicht mehr
noch etwas	encore quelque chose	↔	ne … plus rien	nichts mehr
schon	déjà	↔	ne … pas encore	noch nicht
immer	toujours	↔	ne … jamais	niemals
jemand	quelqu'un	↔	ne … personne	niemand
ich auch	moi aussi	↔	moi non plus	ich auch nicht
du auch	toi aussi	↔	toi non plus	du auch nicht

Hier gilt ebenfalls die Regel: Aus *un, une, des* wird in der Verneinung *de.*

4 Après la visite de Montmartre, Magali et Katrin rentrent à la maison.
Setze hier die richtige Verneinungsformel ein.

1. Mme Genêt: Tu manges encore quelque chose? — Magali: Non, merci, *je ne mange rien*.
   Et toi, Katrin? — Katrin: Merci, ______________________, moi non plus.
2. Magali: Est-ce que tu as encore des crêpes? — Mme Genêt: Non, ______________________ __________.
3. Magali: Est-ce que papa est déjà là? — Mme Genêt: Non, ton père ______________________ ______________________.

On sonne, Magali ouvre.

4. Mme Genêt: Il y a quelqu'un? — Magali: Non, ____________________.

5. Magali: On fait encore quelque chose? — Katrin: Non, ____________________ ____________. Je suis trop fatiguée (zu müde).

On sonne encore. C'est M. Genêt. Il ne trouve pas ses clés.

6. Mme Genêt: Tu es toujours en retard (zu spät). — M. Genêt: Mais non, ____________________ en retard.

Test

I. Le petit traducteur
Die kleine Schwester von Frédéric, Cloclo, ist mit nichts einverstanden.

1. Sie ißt ihren Reis (riz *m*) nicht.

____

2. Sie spielt nicht mehr mit dem Ball.

____

3. Sie sagt: «Ich trinke keinen Tee!»

____

4. «Ich habe keinen Durst.»

____

5. Sie bleibt niemals in ihrem Zimmer.

____

6. Sie schaut sich ihr Buch nicht an. (regarder)

____

7. Sie mag keine Kartoffeln.

____

8. Sie mag nichts! (aimer)

____

9. Sie hat keinen Hunger.

____

18 points

II. Un peu de science-fiction

Yves größter Wunsch ist es, Astronaut zu werden. Nun träumt er, daß er zum Planeten Mars geflogen ist.

Sur la planète Mars c'est bien différent! (Auf dem Planeten Mars ist alles anders!)

Sur terre:	Sur Mars:
1. On entend quelque chose, par exemple des chansons.	On n'entend rien.
2. On dort la nuit (in der Nacht).	__________
3. Il y a des chats et des chiens (Hunde).	__________
4. Les élèves vont à l'école.	__________
5. On voit beaucoup de monde (viele Menschen) dans les rues.	__________
6. Les jeunes écoutent toujours la radio.	__________
7. On danse à la discothèque.	__________
8. Les enfants de six ans lisent déjà.	__________
9. On a toujours faim.	__________
10. Les jeunes aiment la glace.	__________
11. On trouve encore des fleurs.	__________

10 points

8 Die Verben im Präsens (3)
Les verbes au présent

A Besonderheiten der Verben auf *-er*
B *faire* und *dire*

A Besonderheiten der Verben auf *-er*

Normalerweise mußt du bei der Konjugation von Verben auf die Endungen achten. Einige Verben auf *-er* aber verändern im Präsens ihren Wortstamm, während die Endungen regelmäßig sind.

	Stamm	Endung
So wird zum Beispiel		
aus dem Infinitiv	achet	er
in der 1. Person Singular	j'achèt	e.

Es gibt vier Verbtypen, bei denen sich der Wortstamm verändert.

- **Typ 1**

	acheter (kaufen)		Genauso werden konjugiert:
j'	ach**è**te		peser (wiegen)
tu	ach**è**tes		se lever (aufstehen)
elle/il/on	ach**è**te		se promener (spazieren)
nous		achetons	
vous		achetez	
elles/ils	ach**è**tent		
	stammbetont	endungsbetont	

Für diese Verben gilt:
- Ist der Wortstamm betont, wird die vorletzte Silbe verstärkt (a**chè**te).
- Ist die Endung betont (ache**tons**, ache**tez**), bleibt der Stamm wie im Infinitiv.

1 Vervollständige mit der passenden Form von *peser, acheter* oder *se promener.*

1. Nicole _____________ des fruits au marché. acheter
2. La marchande ___________ les fruits. peser
3. Nous _______________ des bananes. acheter
4. Les touristes se _____________________ sur le marché. se promener

5. «Clotilde, ______________ un pain, s'il te plaît!» — acheter

6. J'______________ toujours mes légumes au marché. — acheter

7. «Madame, vous me ______________ cette pastèque (Wassermelone), s'il vous plaît!» — peser

• Typ 2

	appeler (rufen, anrufen)		Genauso:
j'	appelle		s'appeler (heißen)
tu	appelles		jeter (werfen)
elle/il/on	appelle		épeler (buchstabieren)
nous		appelons	
vous		appelez	
elles/ils	appellent		
	stammbetont	endungsbetont	

Für diese Verben gilt:
- Ist der Wortstamm betont, wird der Konsonant der vorletzten Silbe verdoppelt.
- Ist die Endung betont, bleibt der Stamm wie im Infinitiv.

2 Vervollständige die Verbformen. Achte bei Betonung des Stamms auf die Verdoppelung der vorletzten Silbe.

1. Je m'appel______ Michèle Mouteau.
2. Epel______ ton nom, s'il te plaît!
3. Frédéric appel______ son ami Yves.
4. On ne jet______ pas les papiers dans la rue!
5. Comment est-ce que vous vous appel______?
6. Les enfants! Ne jet______ pas vos chewing-gums par terre!
7. Range tes affaires ou bien je jet______ tout à la poubelle (Papierkorb).

• Typ 3

	payer (bezahlen)		Genauso:
je	paie		essayer (versuchen)
tu	paies		balayer (fegen)
elle/il/on	paie		s'ennuyer (sich langweilen)
nous		payons	
vous		payez	
elles/ils	paient		
	stammbetont	endungsbetont	

Für diese Verben gilt:
- Ist der Wortstamm betont, wird aus dem *y* im Stamm ein *i*.
- Ist die Endung betont, bleibt der Stamm wieder wie im Infinitiv.

3 Trage die Einzahl oder Mehrzahl der jeweiligen Verbformen ein.

je paie	nous ______________
tu ______________	vous essayez
elle balaie	elles ______________
je ______________	nous balayons

• Typ 4

	commencer (beginnen)	Genauso:	**manger** (essen)	Genauso:
je	commence	lancer (werfen)	mange	plonger (tauchen)
tu	commences		manges	changer (tauschen/ umsteigen)
elle/il/on	commence		mange	ranger (aufräumen)
nous	commen**ç**ons		mang**e**ons	
vous	commencez		mangez	
elles/ils	commencent		mangent	

Bei diesen Verben muß der Stamm bei der 1. Person Plural beachtet werden. Nur hier verändert er sich.

4 Vervollständige die folgenden Verbformen.

1. je commenc________	5. nous plong________	9. tu chang________
2. tu rang________	6. nous rang________	10. ils mang________
3. vous mang________	7. vous commenc________	11. nous chang________
4. tu lanc________	8. nous lanc________	12. vous plong________

Eigentlich ist es gar nicht so schwer. Auch die Besonderheiten haben ihre Regelmäßigkeiten.
Nun mischen wir alle diese Formen, um zu sehen, ob du sie alle beherrschst.

5 Vervollständige die folgende Tabelle.

	Einzahl	Mehrzahl	Infinitiv
1.	je paie	______	______
2.	tu achètes	______	______
3.	______	elles essaient	______
4.	______	ils pèsent	______
5.	je nage	______	______
6.	je lance	______	______
7.	______	ils appellent	______
8.	tu épelles	______	______
9.	balaie!	______	______
10.	______	vous jetez	______

B *faire* und *dire*

Die Verben *faire* und *dire* sind besonders tückisch in der 2. Person Plural.

	faire (machen)		dire (sagen)
je	fais	je	dis
tu	fais	tu	dis
elle/il/on	fait	elle/il/on	dit
nous	faisons	nous	disons
vous	faites	vous	dites
elles/ils	font	elles/ils	disent

Es ist aber alles nur halb so schlimm. Da du diese Verben ständig brauchst, werden sie dir schnell geläufig sein.

6 Trage die richtige Verbform ein.

1. Qu'est-ce qu'on __________ aujourd'hui?	faire
2. Tu __________ des maths avec moi?	faire
3. Non, je __________ de la physique.	faire
4. Mais, qu'est-ce que tu ________ là?	dire
5. Pardon, que __________-vous?	dire
6. Mais qu'est-ce qu'ils __________?	faire
7. Eh, ________-donc, Frédéric et Yves! Qu'est-ce	dire
que vous __________ avec un ballon de foot dans	faire
la salle de séjour?	

Test

I. Cherche les erreurs.
Hier haben sich falsche Formen eingeschlichen. Kreuze die fehlerhaften Formen an und berichtige sie.

☐ 1. tu achetes ____________	☐ 8. nous disons ____________
☐ 2. il lis ____________	☐ 9. vous disez ____________
☐ 3. je dis ____________	☐ 10. nous faisons ____________
☐ 4. il appelle ____________	☐ 11. vous faites ____________
☐ 5. ranges! ____________	☐ 12. ils faitent ____________
☐ 6. nous mangons ____________	☐ 13. il jete ____________
☐ 7. elles mangent ____________	☐ 14. nous jetons ____________

| 7 points

II. Régime et pastèques (Diät und Wassermelonen)
Vervollständige mit der konjugierten Verbform.

Magali est dans sa chambre. Elle écoute une cassette de rock. Sa mère l'__________[1] (appeler): «Magali, tu __________[2] (faire) les courses pour moi?»

«D'accord, maman. Qu'est-ce que j'__________[3] (acheter)?»

«Regarde la liste (Einkaufszettel)! Ah, et __________[4] (acheter) aussi une pastèque (Wassermelone), une petite!»

Magali arrive au marché. Là voilà au stand de Mme Lemouchel, la marchande de fruits et légumes. «__________[5] (changer) de vie! __________[6] (manger) des fruits!» __________[7] (dire) Mme Lemouchel.

«Ah, bonjour, mademoiselle Magali. Qu'est-ce que vous __________[8] (acheter) aujourd'hui?»

«Bonjour, madame. Vous me __________[9] (peser) une petite pastèque, s'il vous plaît.»

A côté, M. et Mme Letellier __________[10] (faire) de la réclame (werben) pour leurs vêtements. «Tout à 100 francs! __________[11] (essayer) nos jeans et nos pulls!»

«Pardon, qu'est-ce que vous __________[12] (dire), Magali?»

«Je __________[13] (dire) que j'__________[14] (acheter) une petite pastèque et un kilo d'abricots.»

Mme Lemouchel a juste une pastèque. C'est la dernière (die letzte). Elle la __________[15] (peser). «Ça __________[16] (faire) 29 francs avec les abricots.»

Magali __________[17] (payer). Elle rencontre Frédéric et Clotilde.

«Salut, vous deux! Vous __________[18] (faire) les courses, vous aussi? Qu'est-ce que vous __________[19] (acheter) de beau?»

«Une pastèque! Maman __________[20] (faire) un régime et tous les jours nous __________[21] (manger) de la pastèque», dit Yves.

«Pas aujourd'hui, voilà la dernière pastèque de Mme Lemouchel. __________[22] (acheter) des pommes de terre et __________[23] (faire) des frites!»

«Bonne idée», __________[24] (dire) Frédéric et Clotilde.

| 24 points

9 Die Objektpronomen
Les pronoms objets

A Die direkten Objektpronomen

direktes Objekt	direktes Objektpronomen
Tu prépares **le café**?	Oui, je **le** prépare.
Tu répares **la radio**?	Oui, je **la** répare.
Tu achètes **le journal**?	Oui, je **l'**achète.
Tu cherches **les photos**?	Oui, je **les** cherche.

In diesem kurzen Dialog wurde das direkte Objekt jeweils durch ein direktes Objektpronomen ersetzt.

Um das direkte Objekt durch ein Pronomen zu ersetzen, verwendet man

le	für männliche Nomen (ihn),
la	für weibliche Nomen (sie),
les	für männliche/weibliche Nomen im Plural (sie).

Le und *la* werden vor einem Vokal zu *l'*.

Wenn du das direkte Objekt durch ein Objektpronomen ersetzt, mußt du seine Stellung im Satz besonders beachten.

Magali		regarde	**la revue**.	direktes Objekt
Magali	**la**	regarde.		direktes Objektpronomen

Im Französischen stehen die Objektpronomen in der Regel vor dem konjugierten Verb.

1 Un tour sur la tour Eiffel
Madame Michelle, einige ihrer Deutschschüler und deren Austauschschüler aus Deutschland wollen auf den Eiffelturm. Ersetze das unterstrichene direkte Objekt durch das entsprechende Objektpronomen.

1. Magali: Katrin, tu vois (siehst) <u>la tour Eiffel</u>?

   Katrin: Oui, je ______ vois.

2. Frédo: On prend <u>les billets</u> pour monter?

   Rolf: Bien sûr, on ______ achète à la caisse.

3. Magali: Où est <u>l'ascenseur</u>?

   Yves: A gauche, voilà. Tu ______ vois?

En haut (oben) de la tour Eiffel.

4. Frédéric: Rolf, tu vois <u>la cathédrale Notre-Dame</u>?

   Rolf: Bien sûr, je ______ vois.

Magali et Katrin ont soif. Un vendeur de boissons arrive.

5. Magali: Madame! Nous avons soif! Nous achetons <u>les boissons</u> maintenant?

   Mme Michelle: Ah non, ici c'est trop cher! Nous ______ prenons en bas (unten).

6. Magali: Zut, je n'ai plus <u>mon appareil photo</u>! Où est-ce qu'il est?

   Frédéric: Mais regarde, Magali! Moi, je ______ ai!

Bis jetzt hast du die direkten Objektpronomen der 3. Person Singular und Plural kennengelernt. Es fehlen noch die Formen für die 1. und 2. Person Singular und Plural.

Tu **me**	comprends?	(mich)
Je **te**	cherche.	(dich)
Tu **nous**	invites.	(uns)
Je **vous**	cherche.	(euch/Sie)

Auch hier gilt:
- Das Objektpronomen steht vor dem konjugierten Verb.
- *me* und *te* werden vor einem Vokal zu *m'* und *t'*.

Die Form des Verbs richtet sich natürlich weiterhin nach dem Subjekt des Satzes. (**Je** te cherch**e.**)

2 Vervollständige die Sätze mit den Pronomen *me, te, nous, vous.*

1. Magali aime Rolf.

   Magali: Est-ce que Rolf ________ aime aussi?

   Brigitte: Mais oui, il ________ aime!

2. Après la visite de la tour Eiffel, Mme Michelle ne voit (sieht) plus ses élèves.

   Mme Michelle: Où est-ce que vous êtes? Je ________ cherche!

3. Katrin: Paris est magnifique. Je veux rester plus longtemps (länger). Tu ________ comprends?

   Magali: Mais oui, je ________ comprends.

4. Magali à Mme Michelle: Vous avez des problèmes, madame? Un moment, je ________ aide.

5. Yves à Brigitte: Samedi, c'est l'anniversaire de Frédéric. Il ________ invite.

6. Rolf et Katrin à Yves et Brigitte: Ah, vous êtes là. Nous ________ cherchons depuis dix minutes!

7. Le professeur aux élèves: Alors, vous ________ écoutez maintenant?

B Die indirekten Objektpronomen

indirektes Objekt	indirektes Objektpronomen
Tu montres le Louvre **à Rolf**?	Oui, je **lui** montre le Louvre.
Tu donnes le journal **aux parents**?	Bon, je **leur** donne le journal.

In den Fragen oben steht nach dem direkten Objekt jeweils noch ein indirektes Objekt.

Das indirekte Objekt (wem) besteht jeweils aus *à* (+ Artikel) + Person.
Auch das indirekte Objekt kann durch ein Objektpronomen ersetzt werden.

Wird das indirekte Objekt durch ein Pronomen ersetzt, verwendet man

lui für Nomen im Singular (ihm/ihr)
leur für Nomen im Plural (ihnen/ihnen)

Das indirekte Objektpronomen hat im Singular und im Plural jeweils nur eine Form.

Il		montre le Louvre **à Rolf**.
Il	**lui**	montre le Louvre.
Tu		téléphones **à Katrin**?
Tu	**lui**	téléphones?
Il		offre des gâteaux **aux amis**.
Il	**leur**	offre des gâteaux.

Auch die indirekten Objektpronomen stehen in der Regel vor dem konjugierten Verb.

3 Wandle die Sätze um: Ersetze das indirekte Objekt durch ein indirektes Objektpronomen.

1. Magali offre une glace à Rolf.

2. La famille Genêt montre le château de Versailles à Rolf et Katrin.

3. Une dame explique le chemin (Weg) à Magali.

4. Katrin apporte des fleurs aux Genêt.

5. Frédéric prête (leiht) son appareil photo à Yves.

6. Rolf écrit à ses parents.

Du siehst, es ist gar nicht schwer! Aber nun mußt du darauf achten, daß du folgendes nicht verwechselst:

das indirekte Objektpronomen	**leur**
mit den Possessivbegleitern	**leur** (ein Besitzgegenstand) und **leurs** (mehrere Gegenstände)

4 *leur* oder *leurs*?

In den folgenden Sätzen haben sich einige Fehler eingeschlichen. Kreuze an, ob die Schreibweise von *leur/leurs* richtig oder falsch ist. Trage gegebenenfalls die richtige Form ein, und kreuze an, ob *leur/leurs* ein Objektpronomen oder ein Possessivbegleiter ist.

	r.	f.	richtige Form	Objekt-pron.	Poss.-begl.
1. Rolf veut aller chez les Genêt. Mais il ne trouve pas leurs rue.		x	leur		x
2. Mme Michelle et ses élèves sont dans le centre de Paris. Aujourd'hui, elle leurs montre le Louvre.					
3. Magali et Frédéric n'ont pas leurs appareil photo.					
4. A cinq heures, ils rentrent à la maison. Mme Genêt leurs prépare des crêpes.					
5. Rolf veut téléphoner à ses parents. «Je leur téléphone après 20 heures. C'est moins cher!»					

Auch bei den indirekten Objektpronomen fehlen uns nun noch die Formen für die 1. und 2. Person Singular und Plural. Erfreulicherweise sind sie die gleichen wie die für die direkten Objektpronomen.

Tu	**me**	réponds?	(mir)
Je	**te**	réponds.	(dir)
Il	**nous**	offre un coca.	(uns)
Je	**vous**	raconte une histoire.	(euch/Ihnen)

5 Le petit déjeuner chez les Lecarpentier

In den folgenden Sätzen fehlen diese Objektpronomen:

me – 1x   *nous* – 3x   *te* – 1x   *vous* – 3x

1. M. Lecarpentier: Où est le café, chérie?

   Mme Lecarpentier: Attends, je ________ donne le café tout de suite.

2. M. Lecarpentier: Qu'est-ce que vous prenez, Frédéric et Clotilde?

   Je __________ prépare des œufs comme pour Rolf?

3. Clotilde: Ah, non! Pas le matin! Donne-__________ un bol de chocolat comme d'habitude (wie üblich).

4. Rolf: Mais attendez! Regardez! Je __________ montre comment (wie) je prépare les œufs pour le petit déjeuner!

5. Mme Lecarpentier: Frédéric, tu __________ apportes les croissants, s'il te plaît!

6. Frédéric va dans la cuisine mais il ne voit pas les croissants: Oui, mais tu ________ dis où ils sont. Ils ne sont pas sur la table de la cuisine!

7. Mme Lecarpentier: Ah, excuse-moi! Ils sont déjà là! Mais il manque (es fehlt) encore le beurre. Tu __________ l'apportes?

8. Frédéric: Oui, je __________ l'apporte tout de suite.

6 Direktes oder indirektes Objekt?

Nun werden wir alle diese Formen mischen. Zunächst sollst du die Satzelemente in die richtige Reihenfolge bringen. Vergiß nicht dabei, *me, te, le, la* zu apostrophieren, wenn es nötig ist. Kreuze dann an, ob das Objektpronomen ein direktes oder ein indirektes Objektpronomen ist.

	dir.-Obj.-pron.	indir. Obj.-pron.
1. Madonna,/la/je/aime/! *Madonna, je l'aime!*	☒	☐
2. écris/tu/une carte/me/? ____________________	☐	☐
3. leur/Mme Michelle/les curiosités/explique/de Paris ____________________	☐	☐
4. des crêpes/vous/fais/à cinq heures/je ____________________	☐	☐
5. tu/aussi/les/invites/? ____________________	☐	☐
6. après le cinéma/une glace/vous je/offre ____________________	☐	☐
7. promis! (versprochen)/téléphone/te/demain/je ____________________	☐	☐
8. les enfants,/écrivez/nous/vous/? ____________________	☐	☐
9. écrivons/bien sûr,/vous/écrivons/nous ____________________	☐	☐
10. souvent (oft)/leurs/leur/parents/téléphonent ____________________	☐	☐

C Die Objektpronomen im verneinten Satz

Brigitte **ne** voit **pas le bateau.**	Magali **ne** téléphone **pas à ses parents.**
Brigitte **ne le** voit **pas.**	Magali **ne leur** téléphone **pas.**

Bei der Verneinung umschließen die beiden Elemente *ne* und *pas* (oder *plus, jamais,* usw.) nicht nur das konjugierte Verb, sie nehmen auch noch das jeweilige Objektpronomen mit hinein.

Also: Das Objektpronomen steht direkt vor dem Verb, *ne* und *pas* umschließen das Objektpronomen und das Verb.

	ne	Objekt-pronomen	Verb	*pas*
Brigitte	**ne**	le	voit	**pas.**

7 Antworte auf die folgenden Fragen mit der Verneinung. Suche dabei für die jeweils unterstrichene Form das richtige Objektpronomen.

1. Mme Genêt: Tu ne rencontres pas <u>ton ami</u>, Magali?

   Magali: Non, je ________________________________.

2. Yves: Brigitte, est-ce que tu <u>me</u> prêtes (leihst) ton baladeur?

   Brigitte: Ah, ça non, ________________________ mon baladeur!

3. Rolf: On offre des fleurs <u>à Mme Michelle</u>?

   Yves: Non, ____,

   on achète des pralines! Elle est gourmande!

4. M. Lecarpentier: Frédéric! Cinq en maths et histoire! Est-ce que tu écoutes toujours <u>tes professeurs</u>?

   Frédéric: Ben, euh, ... non, ______________________________.

5. Brigitte: Pépère (Opa), tu <u>nous</u> prépares des crêpes?

   Le grand-père: Non, pas maintenant, ______________________________

   __________, je suis trop fatigué.

6. Brigitte: Est-ce que tu téléphones <u>à tes parents</u>, Yves?

   Yves: Non, ____:

   Ils ne sont pas à la maison.

Test

I. La maison des pronoms
Trage dir als Hilfe für die kommende Übung in das Haus der Pronomen die direkten und indirekten Objektpronomen ein. Schau dir dazu die Tabellen mit den Pronomen noch einmal an. Es ist ja gar nicht so schwer.

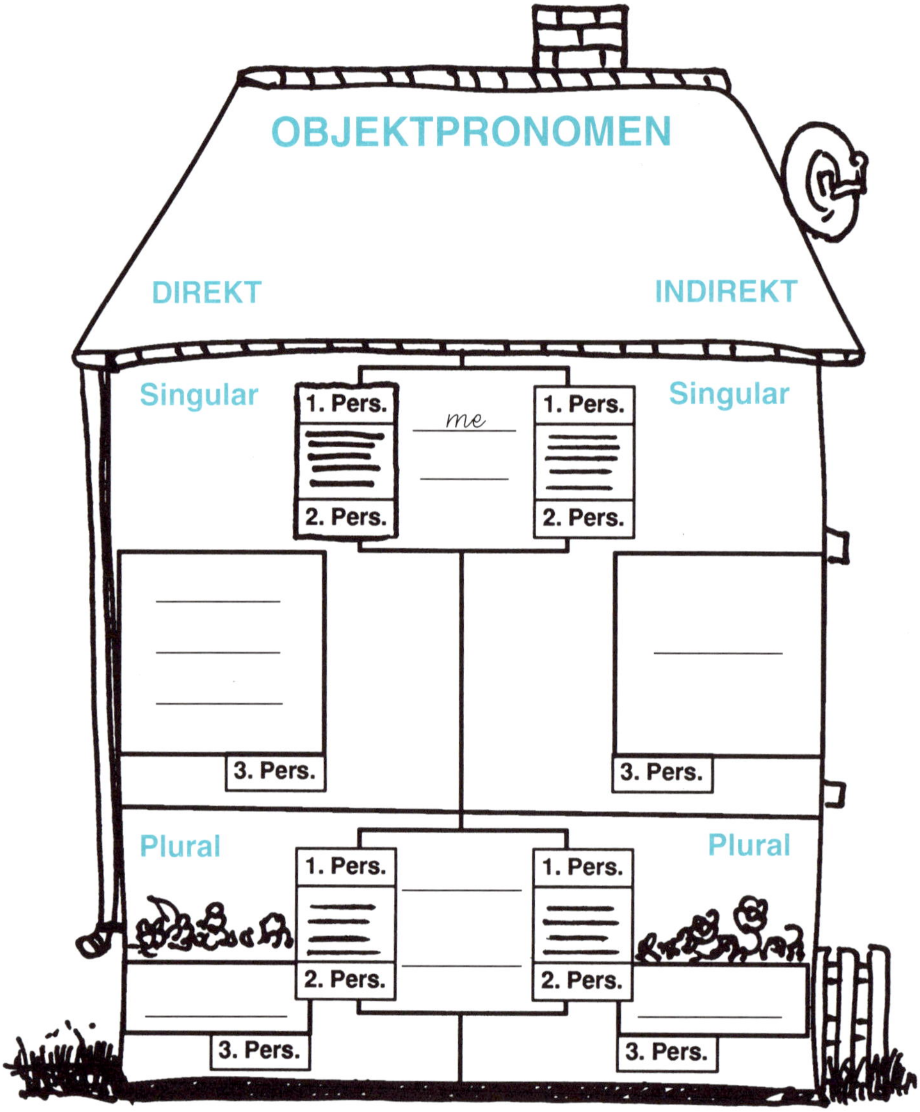

9 points

II. La famille Genêt prépare un pique-nique.
Unterstreiche in den folgenden Sätzen zunächst das direkte bzw. das indirekte Objekt. Ersetze es dann in der Antwort durch das richtige Objektpronomen. Achte dabei auf die richtige Satzstellung und die richtigen Verbformen.

1. Magali: Est-ce qu'on prend le panier (Korb)?

   Mme Genêt: Bien sûr, on ____________________.

2. Mme Genêt: Magali, tu achètes six bouteilles de limonade chez l'épicier?

   Magali: D'accord, ____________________________.

3. Mme Genêt: Et qui donne à manger à Clochard?

   Katrin: Moi, je ____________________________________.

4. Magali: Maman, est-ce que tu as les verres?

   Mme Genêt: Non, ________________________________.

5. Katrin: Magali, tu téléphones à Rolf et Frédéric?

   Magali: Eh, non. Je ____________________________________.

   Fais-le, Katrin! Tu es en France pour parler français!

6. Katrin: Madame Genêt, vous m'aidez, s'il vous plaît?

   Mme Genêt: Mais oui, Katrin, ____________________.

7. M. Genêt: Chérie, on prend le parasol (Sonnenschirm)?

   Mme Genêt: Mais non, __________________________________.

   Il y a des arbres (Bäume) dans la forêt (Wald)!

   Le téléphone sonne. C'est Frédéric.

8. Frédéric: Allô! Ici Frédéric et Rolf. Est-ce que vous nous attendez?

   Katrin: Pardon, ici Katrin. Parle moins vite Frédo!

9. Frédéric: Ah, Katrin, salut! Tu appelles Magali, s'il te plaît?

   Katrin: Oui, je ____________________.

   Frédéric: Allô, Magali! Vous nous attendez?

10. Magali: Bien sûr! ______________________________________.

18 points

10 Die Präpositionen
Les prépositions

A Die Präpositionen des Ortes
B Die Stellung der Präpositionen im Satz
C Die Präpositionen der Zeit

A Die Präpositionen des Ortes

In der folgenden Liste findest du die wichtigsten Präpositionen:

Magali est **à** la maison.	(in, zu, an)
Le chat est **dans** la cuisine.	(in)
Le bol de lait est **sur** la table.	(auf)
Le chat est **sous** la table.	(unter)
Les chaussures sont **derrière** le fauteuil.	(hinter)
Cloclo est **devant** la télé.	(vor)
La chaise est **entre** l'armoire **et** la télé.	(zwischen... und)
Yves arrive **chez** les Genêt.	(zu, bei)
La boulangerie est **à gauche de** la poste.	(links von)
Le café est **à droite de** l'hôtel.	(rechts von)
Le métro est **près du** collège.	(nahe bei)
Le terrain de sport est **à côté de** l'école.	(neben)
La piscine est **loin du** centre-ville.	(weit von)

Für die Präposition „in“ gibt es im Französischen zwei Möglichkeiten: *à* und *dans.*

Die Präposition *à* besagt, daß jemand irgendwo innerhalb eines Raumes oder eines Ortes ist:

Pierre est **à** la piscine. — Pierre ist (irgendwo) im Schwimmbad.

Die Präposition *dans* beschreibt den Ort genauer:

Pierre est **dans** la piscine. — Pierre ist im Schwimmbecken.

Außerdem mußt du darauf achten, daß manche Präpositionen ein *de* erfordern.

	Präposition		Artikel	Nomen
Le chat est	dans		la	maison.
Le café est	à droite	**de**	l'	hôtel.
	Präposition	*de*	Artikel	Nomen

Am besten ist, du lernst bei jeder neuen Ortsbestimmung gleich mit, ob sie mit oder ohne *de* gebildet wird.

1 Brigitte räumt ihr Zimmer um und fragt nun Magali und Katrin, wo sie ihre Möbel hinstellen soll.
Du benötigst für diese Übung die Verben *mettre, poser* und einige Substantive, die du vielleicht noch nicht kennst:

le fauteuil (Sessel), le lit (Bett), le bureau (Schreibtisch), la chaîne hi-fi (Stereoanlage), l'armoire *f* (Schrank), la planche à roulettes (Skateboard), l'étagère (Bücherbrett), la vaisselle (Geschirr).

1. Brigitte: Où est-ce que je mets le fauteuil?

Eh bien, tu mets le fauteuil devant la fenêtre.

2. Brigitte: Et le lit?

Le lit? Alors, ______________________

3. Brigitte: Mais alors, mon armoire?

C'est facile, ______________________

4. Brigitte: Mais ma chaîne hi-fi?

____

5. Brigitte: Et la planche à roulettes? Eh bien, ______________________

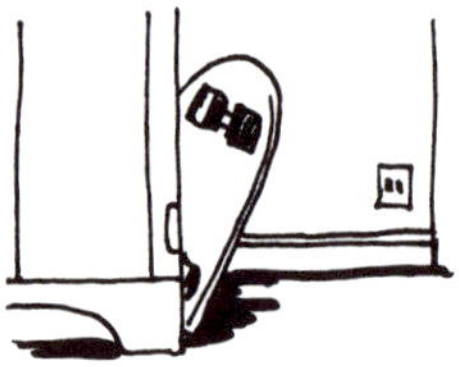

6. Brigitte: Il y a encore ce vase italien (italienische Vase)? Attends, ______________________

7. Brigitte: Mais les cahiers, le papier, les stylos? Ah, Brigitte! ______________________

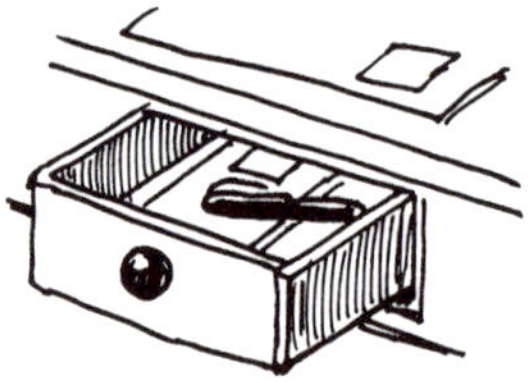

2 Die Mutter von Brigitte, Mme Picard, arbeitet in einem Touristenbüro in Paris. In den Sommerferien kommen natürlich auch viele Deutsche in die Stadt.
Mme Picard versteht Deutsch, aber sie spricht es nicht besonders gut. Katrin und Rolf helfen heute ein bißchen beim Übersetzen.
Deine Aufgabe ist es, mit Hilfe der Übersetzungen Mme Picards Antworten zu ergänzen.

1. Eine Familie: Wir suchen einen Campingplatz.

   Mme Picard: Le terrain de camping est ______________________

   Katrin übersetzt: Der Campingplatz ist weit vom Stadtzentrum (le centre-ville) entfernt.

2. Eine Dame: Ich möchte gerne zum Kaufhaus Galeries Lafayette.

   Mme Picard: ______________________

   ____

   Katrin übersetzt: Die Galeries Lafayette sind nahe bei der Oper (l'Opéra).

3. Ein junger Mann: Wo ist der Ostbahnhof (la gare de l'Est)?

   Mme Picard: ____

   ____

   Rolf übersetzt: Der Ostbahnhof ist neben dem Nordbahnhof (la gare du Nord).

4. Ein junges Mädchen: Ich habe Fieber, was kann ich tun?

   Mme Picard: ____

   ____

   Katrin übersetzt: Gehen Sie zum Arzt, er wohnt rechts vom Touristenbüro (l'office du tourisme).

5. Ein Mann: Wo finde ich den Eiffelturm?

   Mme Picard: ____

   ____

   Rolf übersetzt: Der Eiffelturm (la tour Eiffel) ist weit vom Touristenbüro entfernt. Nehmen Sie die U-Bahn.

B Die Stellung der Präpositionen im Satz

Ortsbestimmungen stehen im Französischen meist am Satzende.

La voiture de M. Leblanc **est** **devant la maison**.

Wenn die Ortsbestimmung jedoch am Anfang des Satzes steht, dann mußt du die Formel *il y a* anwenden.

Devant la maison, **il y a** la voiture de M. Leblanc.

Bezieht sich die Ortsbestimmung auf Gegenstände, dann ist es immer möglich, sie an den Satzanfang zu stellen. Wenn sie sich aber auf Personen bezieht, dann kann sie nur an den Anfang gestellt werden, wenn es sich um eine unbestimmte Personengruppe handelt.

A la piscine, il y a un terrain de jeu. (Gegenstand)
A la piscine, il y a beaucoup de gens. (unbestimmte Personengruppe)

Aber:

M. et Mme Picard sont **à la gare**. (bestimmte Personen)

3 Bilde Sätze mit vorangestellter Ortsbestimmung.

1. des cahiers/la serviette/dans

   Dans la serviette, il y a des cahiers.

2. la salle de classe/un tableau/dans

   ____

3. l'école/une cantine/à

   ____

4. le fauteuil/un chat/sous

   ____

5. le terrain de camping/beaucoup de familles/sur

   ____

   ____

6. la gare/un cinéma/à côté

   ____

7. le Louvre/des touristes/devant

   ____

C Die Präpositionen der Zeit und Adverbien der Zeit

A une heure, les quatre amis mangent chez Brigitte.	(um)
Avant le dejeuner, ils vont chercher leurs affaires de bains.	(vorher)
Pendant le déjeuner, ils s'amusent bien.	(während)
Après le déjeuner, ils prennent leurs affaires de bains.	(nach)
***Ensuite,** ils vont à la piscine.	(dann)
***D'abord,** ils cherchent une place pour jouer au volley.	(zuerst)
***Puis,** ils nagent dans la piscine.	(dann)
***Enfin,** ils rentrent à la maison.	(schließlich)

Anders als die Präpositionen des Ortes stehen die Zeitpräpositionen meist am Anfang eines Satzes und werden mit einem Komma abgetrennt. Sie können aber auch am Ende des Satzes stehen.

A une heure, les amis mangent chez Brigitte.
Les amis mangent chez Brigitte **à une heure.**

4 Ta journée

Setze die richtige Präposition bzw. Zeitbestimmung ein.

pendant la récréation
à 14 heures
puis
~~avant~~
ensuite
d'abord
après
à huit heures
à dix heures
enfin

1. Avant ____ les cours, je rencontre mes camarades de classe.
2. ________________________, les cours commencent.
3. Nous lisons des textes, __________ nous discutons.
4. ______________________, il y a une récréation.
5. ______________________________________, on fait des jeux.
6. ______________________, nous sortons de l'école.
7. __________________, je fais une sieste (Mittagsschlaf).
8. _______________, mes amis et moi, on joue au ping-pong.
9. __________________, je fais des courses pour ma mère.
10. __________________, je fais mes devoirs.

* Neben den Präpositionen der Zeit gibt es auch noch eine ganze Reihe von Adverbien der Zeit. Der Unterschied besteht darin, daß die Präpositionen immer in Verbindung mit einem Nomen stehen müssen, während die Zeitadverbien allein stehen können.

Test

I. Rolf lernt mit Magali Französisch. Er ist leider noch nicht ganz perfekt. Magali muß ihn manchmal korrigieren. Stell dir vor, du bist an ihrer Stelle. Aufgepaßt! Nicht alle Sätze sind fehlerhaft.

	juste	faux
1. Regarde, la lune est derrière de la maison.		x
2. Le Louvre n'est pas loin de la Seine.		
3. C'est drôle, à la tour Eiffel sont toujours des touristes.		
4. Est-ce que tu es déjà dans le lycée (Gymnasium)?		
5. Près du musée, il y a beaucoup de cafés.		
6. Regarde, sur le bateau-mouche (Seine-Dampfer) sont Brigitte, Yves et Frédéric!		

Regarde, la lune est derrière la maison.

5 points

II. Le rendez-vous de Magali avec Rolf

Bringe die Satzelemente in die richtige Reihenfolge, und ordne die entsprechende Zeit- oder Ortsbestimmung zu.

a Rolf commande deux glaces b Magali arrive c ils boivent encore un jus d'orange d Magali a rendez-vous avec Rolf e Magali prend encore un chocolat f Rolf invite Magali g Magali rentre à la maison h Rolf attend i Magali embrasse Rolf	1 ensuite 2 avant le film 3 d'abord 4 à 20 heures 10 5 après le film 6 enfin 7 pendant le film 8 à 20 heures 9 devant le cinéma

1. d 8 4. f 2 7. ____ ____

2. ____ ____ 5. ____ ____ 8. ____ ____

3. ____ ____ 6. ____ ____ 9. ____ ____

Schreibe die Sätze nun auf.

1. ______
2. ______
3. ______
4. ______
5. ______
6. ______
7. ______
8. ______
9. ______

18 points

11 Zeitangaben
L'heure – la journée – les jours de la semaine

A Die Uhrzeit
B Der Tagesablauf
C Die Wochentage

A Die Uhrzeit

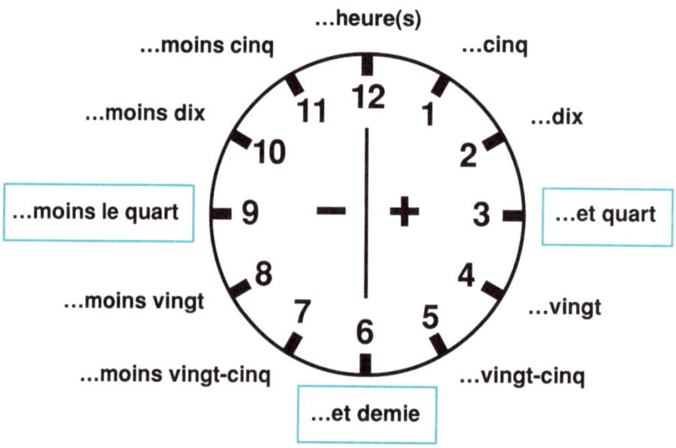

In der ersten Hälfte einer Stunde werden die Minuten zur vorhergehenden Stunde einfach hinzugefügt, und zwar ohne Konjunktion:

Il est deux heures **dix.**	Es ist zwei Uhr zehn.

Nur bei »Viertel nach« und bei der halben Stunde wird *et* dazwischengeschoben. Achte außerdem bei *demie* auf das *-e* am Ende.

Il est deux heures **et quart.**	Il est deux heures **et demie.**

In der zweiten Hälfte einer Stunde werden die Minuten von der nächsten vollen Stunde abgezogen und *moins* wird vorangestellt.

Il est trois heures **moins dix.**

Beim »Viertel« gibt es wieder eine Besonderheit, hier bekommt «quart» einen Artikel: «le quart».

Il est trois heures **moins le quart.**

Und diese beiden Wendungen solltest du dir außerdem merken:

Es ist zwölf Uhr mittags.	Il est midi.
Es ist zwölf Uhr nachts.	Il est minuit.

Um nach der Uhrzeit zu fragen, gibt es zwei Möglichkeiten:

1. Quelle heure est-il?
   Il est quelle heure?
2. Est-ce que tu as l'heure?
   Est-ce que vous avez l'heure?

Wieviel Uhr ist es?

1 M. Genêt est sans montre!
M. Genêt hat seine Uhr verloren. In der Stadt muß er nun immer wieder nach der Uhrzeit fragen.

9:20 1. Bien sûr, *il est* ______________________
______________________.

12:00 2. Oui, ______________________.

15:35 3. Un moment, s'il vous plaît.
____
______________________.

18:45 4. Euh, ____________________________________

____.

19:00 5. Oui, bien sûr, ____________________________

____.

19:30 6. Un moment, s'il vous plaît, ________________

____.

2 Corrige les fautes.

Manchmal hat M. Genêt auch ausländische Touristen gefragt. Sie konnten ihm auch helfen, aber sie machten ein paar kleine Fehler.

1. Il est douze heures.

____

2. Il est exactement (genau) huit heures et quatre.

____

3. Il est vingt minutes avant dix heures.

____

4. Il est onze heures et une demie.

____

5. Il est une heure et le quart.

____

B Der Tagesablauf

A sept heures et demie, le grand-père de Brigitte prend sa douche.
A neuf heures, il lit son journal.
A midi, il prépare le repas.
A une heure, il fait une petite sieste (ein Mittagsschläfchen).

Aber:

Le matin, tante Amélie lit son journal.
L'après-midi, elle téléphone à son amie.
Le soir, elle regarde la télé.
La nuit, elle fait de beaux rêves (hat sie schöne Träume).

Du hast sicher erkannt:

à + ... heure(s) } wird zur Bezeichnung eines **genauen Zeitpunkts** benutzt;

le matin
le + soir
l' après-midi
la nuit
} wird zur Bezeichnung einer **Zeitspanne** verwendet.

Am + Tageszeit (z. B. am Morgen) verlangt im Französischen keine Präposition, sondern nur den bestimmten Artikel: ***le** matin*.

3 La journée de Mme Lecarpentier

Bilde die Sätze mit Hilfe der Stichpunkte am Rand. Achte darauf, ob es sich um einen genauen Zeitpunkt oder eine Zeitspanne handelt.

7.15 — 1. A sept heures et quart, Mme Lecarpentier prend le bus. — Mme Lecarpentier/ prendre le bus

2. ______________________ — Elle/donner des cours d'allemand

12.00 — 3. ______________________ — rencontrer/ les collègues

4. ______________________ — manger/discuter/ avec les collègues

16.30 — 5. ______________________ — faire les courses

17.45 — 6. ______________________ — M. Lecarpentier/ préparer le dîner

7. ______________________ — On/manger/ regarder les infos

8. Mais ______________________ — Mme Lecarpentier/ ne pas dormir/elle/ lire un roman policier (Kriminalroman)

4 Ta journée

Vielleicht interessieren sich deine französische Brieffreundin oder dein kanadischer Brieffreund für deinen Tagesablauf. Wenn du die folgende Übung machst, hast du ein kleines Muster für eine solche Beschreibung.
Spielregel ist, daß du aus jedem Kasten abwechselnd eine Aktivität auswählst. Die Uhrzeiten kannst du selbst bestimmen.

Aktivitäten zu einem ganz bestimmten **Zeitpunkt**	Aktivitäten zu einer bestimmten **Tageszeit**
1. prendre une douche 3. arriver à l'école 5. avoir une récréation 6. rentrer à la maison 9. dîner avec les parents 11. être au lit	2. avoir cours 4. rencontrer les camarades de classe 7. faire les devoirs 8. jouer avec mes amis 10. regarder la télé 12. lire une revue

1. A sept heures et quart, je prends une douche.
2. ____________________
3. ____________________
4. ____________________
5. ____________________
6. ____________________
7. ____________________
8. ____________________
9. ____________________
10. ____________________
11. ____________________
12. ____________________

C Die Wochentage

Aujourd'hui, on est **lundi**.
Le lundi, on a cours de huit heures à trois heures de l'après-midi.

Aujourd'hui, c'est **jeudi.**
Le jeudi, je suis à l'atelier de photographie.

Aujourd'hui, c'est **samedi**.
Le samedi, on va au terrain de camping.

Aujourd'hui, on est **dimanche.**
Le dimanche, je joue au foot avec mes copains.

In der Regel stehen die Wochentage ohne Artikel.

Yves: Quand est-ce que grand-mère arrive?
Sa mère: Elle arrive **mardi**.

Geht es aber um regelmäßige Aktivitäten (mittwochs, sonntags …), dann wird der bestimmte Artikel benutzt.

Mme Picard: Quand est-ce que tu as ton cours de photographie?
Brigitte: **Le jeudi**, je vais à l'atelier de photographie.

5 Complète la grille.
Fülle die Kästchen mit den restlichen sechs Wochentagen aus.

6 Corrige les fautes.

	juste	faux
1. Est-ce qu'on est le dimanche aujourd'hui? *Est-ce qu'on est dimanche, aujourd'hui?*	☐	☒
2. Mercredi, je vais toujours à la piscine. ____________________	☐	☐
3. Au lundi, M. Breton joue aux boules. ____________________ ____________________	☐	☐
4. Quel jour est-ce que vous rentrez? Nous rentrons à samedi. ____________________	☐	☐
5. Quand est-ce que tu me téléphones? Je te téléphone mardi. ____________________	☐	☐

Test

I. Complète.

In der Pariser Metro hört man viele Gespräche. Stelle aus den Wortfetzen vollständige Sätze zusammen.

1. «Je vais au cinéma. Tu viens avec moi?»
   «Non, je ne peux pas. J'ai rendez-vous
   chez le dentiste *à dix-sept heures et quart.*»

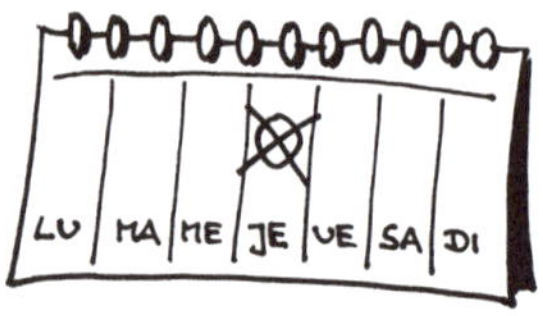

2. «On est quel jour aujourd'hui?»
   «________________________________»

3. «Qu'est-ce que tu fais le dimanche?»
   «____________________, je dors longtemps.
   ____________________, je prends le petit-déjeuner.
   ________________________________,
   je fais un tour de vélo.»

4. «Il est 19 heures. Je t'invite au restaurant, chérie!»

«Mais non Albert! Tu sais que je ne mange jamais ____________________.»

5. «Le programme à la M.J.C. est super.

Par exemple ____________________,

il y a un atelier de photographie.»

6. «On est en retard? Quand est-ce que le cours d'anglais commence?»

«Il commence ______________________________,

mais le prof arrive seulement ____________________

______________________________________.»

7. «Qu'est-ce que tu fais

______________________________?»

«Il y a un film intéressant au Rex

______________________________________.»

«Chouette, je viens avec toi!»

10 points

12 Das Adjektiv
L'adjectif

A Adjektiv und Bezugsform

un film intéressant	une idée intéressant**e**
des films intéressant**s**	des idées intéressant**es**

Das Adjektiv richtet sich im Französischen in Geschlecht und Zahl nach dem Nomen, auf das es sich bezieht.

Merke dir folgende Adjektivendungen als Grundregel:

	♂	♀	♂	♀
Singular		**-e**	grand	grand**e**
Plural	**-s**	**-es**	grand**s**	grand**es**

1 Setze zu den folgenden Nomen die richtige Adjektivform.

vert

un pull ____________

une jupe ____________

des pulls ____________

des jupes ____________

grand

un ____________ chien

une ____________ voiture

des ____________ chiens

des ____________ voitures

intéressant

un film ____________

une histoire ____________

des films ____________

des histoires ____________

Was wäre eine Regel ohne Ausnahme? Glücklicherweise sind die folgenden Ausnahmen fast einfacher als die Regel.

Einige Adjektive enden schon in ihrer Grundform auf *-e*.

un village trist**e**	une ville triste
des villages tristes	des villes tristes

Wenn ein Adjektiv in seiner Grundform auf *-e* endet, ist seine männliche und die weibliche Form gleich.

Andere Adjektive enden in ihrer Grundform auf *-s*.

un boulevard gri**s**	une rue grise
des boulevards gris	des rues grises

Wenn ein Adjektiv in seiner Grundform auf *-s* endet, sind die männlichen Formen im Singular und im Plural gleich.

un sac orang**e**	des sacs orang**e**
une tente orang**e**	des tentes orang**e**

Die Adjektive *orange, marron, bon marché* und *chic* bleiben in allen Formen unverändert.

2 Ergänze die richtige Adjektivform.

	jaune	gris	rouge	chic
un pantalon	___________	___________	___________	___________
une veste	___________	___________	___________	___________
des anoraks	___________	___________	___________	___________
des chaussures	___________	___________	___________	___________

3 Trage in die Tabelle die richtigen Adjektivformen ein.

	♂	♀
Sg		jolie
Pl		

♂	♀
gris	

	♂	♀
Sg		
Pl		jeunes

♂	♀
orange	

	♂	♀
Sg		
Pl	bleus	

♂	♀
importants (wichtig)	

	♂	♀
Sg	facile (einfach)	
Pl		

♂	♀
	bon marché

B Besondere Adjektivformen

Manche Adjektive haben zwei Formen im Maskulinum Singular.

	♂	♀
Singular	un vieux camion un **vieil a**norak	une vieille voiture
Plural	des vieux camions des vieux anoraks	des vieilles voitures

Wenn das Nomen mit einem Vokal oder einem stummen *h* beginnt, werden im Maskulinum Singular besondere Formen verwendet.

♂	♀	♂	♀	♂	♀
vieux/**vieil**	vieille	beau/**bel**	belle	nouveau/**nouvel**	nouvelle
vieux	vieilles	beaux	belles	nouveaux	nouvelles

4 Wandle folgende Sätze um.

1. Cet arbre est beau. C'est un bel arbre.
2. Cet appareil est vieux. C'est un ______
3. Cet hôtel est nouveau. C'est un ______
4. Ton appareil est nouveau? C'est un ______
5. Ce disque est vieux. C'est un ______

5 Trage die passende Form von *beau, vieux, nouveau* ein.
Yves, Magali, Rolf und Katrin stehen vor der neuen Oper am Platz der Bastille. Sie diskutieren über die neue und die alte Architektur von Paris. Magali mag alles, was neu und modern ist, und Yves begeistert sich nur für die klassischen Gebäude.

Magali: Regarde le nouvel[1] opéra (Oper) de la Bastille (neu)! Il est super!

Yves: Super? Ah, non! Le ______[2] opéra Garnier est vraiment ______[3] (alt/schön). Cette construction moderne ne va pas avec cette ______[4] place, cette ______[5] colonne (Säule), les ______[6] boulevards et les ______[7] maisons (alt, alt, schön, schön).

Magali: Mais si! La ______[8] architecture va très bien avec les ______[9] maisons (neu, alt). Mais toi, tu penses et tu parles déjà comme un ______[10] (alt)!

Folgende Adjektive mußt du dir auch noch merken:

bon	bonne	(gut)
cher	chère	(lieb, teuer)
heureux	heureuse	(glücklich)
blanc	blanche	(weiß)
gentil	gentille	(nett)
gros	grosse	(dick)
long	longue	(lang)
fou	folle	(verrückt)

6 Le bal masqué

Gilles veranstaltet im M.J.C. einen Maskenball. Natürlich gehen auch unsere Freunde mit den beiden deutschen Austauschschülern Katrin und Rolf dorthin. Aber was ziehen sie an?

Magali: Le bal masqué, c'est une bonne[1] idée,	bon
mais trouver un ____________[2] costume, c'est un problème.	beau
Rolf: Moi, je sais déjà. Je prends des sacs en	
plastique ____________[3].	bleu
Yves: Pour moi, c'est ____________[4]. Je vais au bal comme	facile
coureur cycliste (Radrennfahrer).	
Je cherche encore une ____________[5]	beau
casquette ________________[6].	blanc
Frédéric à Cloclo: Cloclo, tu es ________________[7]?	gentil
Tu me donnes ta __________________[8] poupée?	nouveau
Cloclo: Non!! Qu'est-ce que tu veux faire avec ma ________[9] poupée?	joli
Magali cherche dans l'armoire de ses parents:	
Ça y est, je prends le ____________[10] anorak	vieux
et le ____________[11] pantalon de papa	vieux
et les ________________[12] chaussures de	nouveau
maman et les ________________[13] lunettes de tante Amélie.	gros
C'est une mascarade complètement ____________[14].	fou
Brigitte met une ______________[15] chemise ______________[16].	long, blanc
Yves: Alors, tu es notre ____________[17] ange *m* (Engel).	cher

C Die Stellung des Adjektivs

un **grand** garçon	ein großer Junge
un garçon **intelligent**	ein intelligenter Junge
un **bel** anorak	ein schöner Anorak
des anoraks **rouges**	rote Anoraks
une voiture **française**	ein französischer Wagen

Anders als im Deutschen kann im Französischen das Adjektiv vor oder nach dem Nomen stehen.

- **Vor** dem Nomen stehen meistens einsilbige Adjektive wie: *grand, petit, joli, bon.*
- **Nach** dem Nomen stehen meistens mehrsilbige Adjektive sowie alle Farbadjektive.
- Das Adjektiv *cher* kann vor oder nach dem Nomen stehen. Es ändert dann jedoch seine Bedeutung.

Cher Jean-Pierre, …	Lieber Jean-Pierre, …
La voiture est **chère.**	Das Auto ist teuer.

7 Das Tagebuch von Magali
Setze die Adjektive an die richtige Stelle.

	12 juillet
belle	Aujourd'hui ________ promenade ________ en bateau sur
intéressante	la Seine et surtout ____________ discussion
	____________ (en allemand!) avec un
	____________ garçon
sympathique	____________ de Kiel: Rolf! un
beau	________garçon ________!
	13 juillet
intéressantes	Rendez-vous avec Rolf; ____________ photos
	____________des monuments de Paris;
petit	________tour ________Boulevard Saint Michel: il y a des
bon marché	____________ vêtements
	____________ et super!

	14 juillet
belle	__________ fête __________ à la place de la Bastille
extraordinaire	______________________ concert de rock
	______________________ – avec Renaud!
	15 juillet
très bon	Cinéma La Géode avec Rolf et Yves; __________________ film
	de science-fiction __________________. Bien sûr, Yves n'aime
moderne	pas ce __________________cinéma __________________!

Test

I. Für die folgenden Sätze gibt es einen ganzen Sack voller Adjektive. Suche das jeweils richtige heraus, und passe es dem Nomen an. Aber Achtung, ein Adjektiv paßt nicht in die Übung hinein.

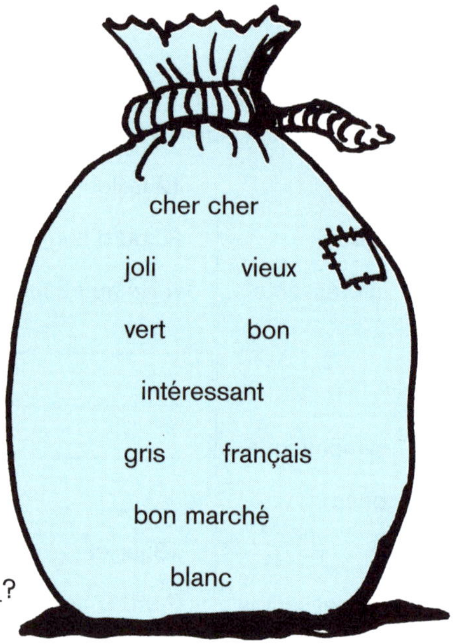

1. Voilà une ____________ idée.
2. N'achète pas ton pull dans ce magasin.
   Il est trop ____________!
3. «____________ Magali, Merci pour ta lettre ...»
4. Nos amis font des photos des ____________ rues de Paris.
5. Fripouille est un ____________ chat. Il est ____________.
6. Regarde! Des citrons ____________!
7. Est-ce que c'est une voiture ______________?
8. Les chaussures sont ______________.
9. Regarde, il neige (es schneit). Les rues
   sont déjà ______________.

Welches Adjektiv bleibt übrig? ______________

11 points

II. Die Großeltern von Magali leben in Straßburg. Sie sind schon öfter in Deutschland gewesen und möchten nun erfahren, wie es den beiden Deutschen, Katrin und Rolf, in Paris gefällt. Magali schreibt ihnen einen Brief.
Gleiche in diesem Brief die Adjektive den Nomen an. Bei den Adjektiven mit einem Ausrufungszeichen mußt du außerdem auf die richtige Stellung im Satz achten.

__________[1] mami, __________[2] papi,	cher, cher
me voilà donc avec Katrin et Rolf. Ils sont	
très __________________________[3]. Katrin,	sympathique
une __________[4] ______________[5], vient de Munich	petit, brun
et Rolf, __________[6] et ______________[7] de Berlin.	grand, blond
Il est bien ______________[8], mais on ne peut pas se promener	gentil
(spazierengehen) avec lui: il pense toujours à manger.	
Il aime bien la ______________[9] cuisine _______________[9].	français!
Katrin aime bien les magasins, bien sûr. Tous les jours elle	
porte un _______________[10] pull ________________[10] une	nouveau!
______________[11] jupe ______________[11] ou un	nouveau!
______________[12] pantalon ________________[12].	nouveau!
Mais elle parle déjà bien le français. On leur offre un	
____________________[13] programme ____________________[13].	intéressant!
Demain, nous faisons une __________[14] promenade	
__________[14] en bateau sur la Seine pour voir les	beau!
___________[15] monuments___________[15].	beau!
Aujourd'hui, nous faisons un concours (Wettbewerb) de photos.	
Le thème: les __________[16] quartiers __________[16] et	vieux!,
les ___________[17] rues ___________[17] de Paris.	petit!
Au fait (übrigens), au Forum des Halles il y a	
des __________________________[18] t-shirts	extraordinaire!
__________________________[18], pas __________[19] du tout.	cher
Est-ce que vous pouvez m'envoyer (schicken) un peu d'argent?	
Je vous fais une ______________[20] bise ______________[20].	gros!

20 points

Magali

13 Frage- und Demonstrativbegleiter
Les déterminants interrogatifs et démonstratifs

A Der Fragebegleiter *quel*
B Der Demonstrativbegleiter *ce*

A Der Fragebegleiter *quel*

Oh, regarde le manteau!	**Quel** manteau?	(welcher)
Voilà une robe très jolie!	**Quelle** robe?	(welches)
J'aime bien les pulls!	**Quels** pulls?	(welche)
Tu vois les chaussures?	**Quelles** chaussures?	(welche)

Die Schreibweise des Fragebegleiters *quel* richtet sich in Geschlecht und Zahl nach dem zugehörigen Nomen.

Genauso wie der Fragebegleiter *qui* kann auch *quel* für das Subjekt eines Satzes stehen. In diesem Fall folgt nach einer Form von *quel* das Verb. Auch hier entscheidet das Nomen, auf das sich *quel* bezieht, über die Schreibweise des Fragebegleiters.

Quel est ton disque?	**Quels** sont tes disques?
Quelle est ta cassette?	**Quelles** sont tes cassettes?

1 L’embarras du choix (Die Qual der Wahl)
Frédéric hat sich auf einen Einkaufszettel geschrieben, was er im Supermarkt einkaufen will. Aber nun weiß er nicht, welche Marken er auswählen soll.

__________________ limonade?

__________________ biscuits?

__________________ vin?

__________________ tomates?

__________________ fromage?

__________________ salade?

__________________ croissants?

__________________ café?

B Der Demonstrativbegleiter *ce*

Regarde **ce** manteau jaune!	(diesen)
Tu vois **cet** anorak jaune?	(diesen)
Cette robe me plaît!	(dieses)
Et j’aime bien **ces** chaussures grises!	(diese)

Auch die Schreibweise des Demonstrativbegleiters richtet sich nach dem zugehörigen Nomen.

Hier gibt es zwar nur eine Pluralform, dafür mußt du aber bei der männlichen Singularform auf zwei unterschiedliche Schreibweisen achten.

♂	♂
ce garçon	cet **a**mi
	cet **h**omme

Vor einem Vokal oder einem *h* muß für die männliche Form *cet* benutzt werden.

2 On fait les vitrines. (Wir machen einen Schaufensterbummel.)
Ergänze mit *ce, cet, cette* und *ces*.

1. Tu vois __________ chapeau?	Oui, il est joli.
2. J'aime bien __________ armoire.	Oui, ça va. Mais pour ma chambre, elle est trop grande.
3. Et __________ chaussures, à gauche?	Oh, elles sont trop chères.
4. Qu'est-ce que tu penses de __________ chemise?	Oui, elle me plaît.
5. Et __________ anorak, il est super, n'est-ce pas?	D'accord, il n'est pas mal.
6. Oh, regarde __________ verres!	Mmmh, tu vois le prix?
7. Mais __________ robes là ne me plaisent pas du tout.	Tu as raison! Allez, on rentre à la maison?

Aber aufgepaßt! Folgende Begriffe darfst du nicht verwechseln:

Cet homme monte dans le bus.
(dieser)

C'est mon voisin.
(das ist)

Ces cahiers sont chers.
Demonstrativbegleiter

Ce sont **ses** cahiers.
Possessivbegleiter

3 Cherche les fautes.

La forme correcte:

1. «Est-ce que cet un animal?» ____________________
   «Oui, bien sûr!»
2. «Ce sont les cassettes de Fréderic?»
   «Oui, ce sont ces cassettes.» ____________________
3. «Regarde ses baguettes, elles ____________________
   sont délicieuses.»
4. «Tu vois c'est appareil photo?» ____________________
   «Bien sûr, cet une marque très ____________________
   chère.»

Test

I. Verbinde die Nomen mit den richtigen Begleitern.

ce
cet
cette
ces

1. __________ guitare
2. __________ restaurant
3. __________ cinémas
4. __________ filles
5. __________ amie
6. __________ club
7. __________ élève
8. __________ rues
9. __________ appartement

| 9 points

II. L'interview

Der französische Fernsehsender *France 2* macht Interviews auf der *place du Tertre*. Zufällig kommt auch Gilles vorbei. Du übernimmst die Rolle des Reporters. Setze die jeweils richtige Form von *quel* ein. Du weißt ja, daß auch die Possessivbegleiter passen müssen.

	Gilles:
1. Quel est votre nom?	Mon nom? Gilles Laffay.
2. ______________________________?	Mon adresse *f*? J'habite rue Victor Hugo.
3. ______________________________?	Mes hobbys *m*? Eh bien, j'aime bien le jardin, la musique…
4. ______________________________ ______________________________?	Ma chanson préférée (bevorzugt)? Euh…, «La vie en rose…».
5. ______________________________ ______________________________?	Mes activités *f* (Tätigkeiten)? Par exemple, organiser des activités pour les jeunes…
6. ______________________________?	Mes plans *m*? Mmh,… Je ne sais pas.
7. J'ai une idée! Travaillez pour la publicité à la télé!	Oh, la la… ______________ idée! Non merci!

11 points

14 Die Verben im Präsens (4)
Les verbes au présent

A *mettre, lire, écrire*
B *partir, dormir, sortir, servir*
C *venir*
D *boire, voir*

In diesem Kapitel geht es um weitere unregelmäßige Verben. „Zum Glück“ werden diese unregelmäßigen Verben sehr häufig gebraucht. Sie prägen sich daher ziemlich schnell ein.

Um das Üben zu erleichtern, sind die Verben in kleine Gruppen eingeteilt. Konzentriere dich zuerst auf ein Verb, und lerne seine Formen auswendig. Erst wenn dieses Verb sitzt, solltest du dir das nächste vornehmen. Setze bei den Übungen dann die richtigen Verbformen aus dem Gedächtnis ein, und nimm die Verbtabellen nur in Ausnahmefällen zu Hilfe.

A *mettre, lire, écrire*

Diese Verben enden auf *-re* und haben im Singular und im Plural unterschiedliche Stämme.

	mettre (setzen, stellen, legen)	**écrire** (schreiben)	**lire** (lesen)	
je/j'	met s	écri s	li s	Stamm I
tu	met s	écri s	li s	
elle/il/on	me t	écri t	li t	
nous	mett ons	écriv ons	lis ons	Stamm II
vous	mett ez	écriv ez	lis ez	
elles/ils	mett ent	écriv ent	lis ent	

1 Vervollständige die »Verbblüten«. Denke an die beiden Stämme.

B *partir, dormir, sortir, servir*

	partir (losgehen)	**dormir** (schlafen)		Genauso:
je	par s	dor s	Stamm I	sortir (ausgehen)
tu	par s	dor s		servir (bedienen)
elle/il/on	par t	dor t		
nous	part ons	dorm ons	Stamm II	
vous	part ez	dorm ez		
elles/ils	part ent	dorm ent		

Wie bei der ersten Verbgruppe mußt du dir auch hier zwei Stämme merken.

2 Vervollständige mit der richtigen Verbform.

sortir

je ___________, tu sors, elle ___________, nous sortons,

vous _________________; ils _________________

servir

nous _________________, il sert, je ___________, vous _________________,

elle ___________, tu ___________, ils servent

C *venir*

Bei *venir* mußt du ebenfalls zwei Stämme berücksichtigen. Allerdings ist die Aufteilung diesmal etwas komplizierter.

	venir (kommen)		Genauso:
je	vien s	Stamm I	revenir (zurückkommen)
tu	vien s		tenir (halten)
elle/il/on	vien t		
nous	ven ons	Stamm II	
vous	ven ez		
elles/ils	vien n ent	Stamm I	

3 Setze die richtige Form von *venir* ein.

1. Mme Lecarpentier à Cloclo: Voilà ton petit déjeuner.

   Tu _______________, Cloclo?

2. Brigitte téléphone à Magali et Katrin: Vous __________________

   cet après-midi?

3. Magali et Katrin: D'accord, nous __________________.

4. Brigitte à Magali: Tes grands-parents, quand est-ce

   qu'_____ ______________________ alors?

5. Yves téléphone à Frédéric: Tu sais, Frédo, ce soir,

   on va à un concert de Rock!

   Frédo: Oh super! Eh bien moi, ______ ________________ aussi!

6. La mère à Magali: Ecoute Magali, range ta chambre.

   Tante Amélie _______________!

D *boire, voir*

	boire (trinken)	**voir** (sehen)	
je	boi s	voi s	Stamm I
tu	boi s	voi s	
elle/il/on	boi t	voi t	
nous	buv ons	voy ons	Stamm II
vous	buv ez	voy ez	
elles/ils	boi v ent	voi ent	Stamm I

4 Tout le monde a soif!
Im Jugendzentrum gibt es auch eine Cafeteria. Nach dem Tischtennis haben alle Durst. Ergänze die richtigen Formen von *boire*.

Gilles, l'animateur __________ aussi du thé.

Beachte den Unterschied zwischen dem Verb *voir* und dem Verb *regarder*.

voir: sehen
regarder: betrachten, (hin)sehen, sich etwas ansehen

5 *voir* ou *regarder*

Magali und Brigitte sehen fern. Yves und Frédéric sind mit dem Film nicht einverstanden.

Yves: Mais, qu'est-ce que vous ____________[1]? Il est nul, ce film!

Frédéric: Les filles et leurs histoires d'amour (Liebesgeschichten)! Et pourquoi est-ce qu'on ne ____________[2] pas «James Bond» sur la «2»?

Magali: «James Bond» sur la «2»?

Frédéric: Oui, ____________[3] le programme, Magali.

Magali: Et où est-ce que tu ____________[4] ça?

Frédéric: Ben, là. «France 2», 20h20, le film du dimanche.

Magali: Moi, je ne ____________[5] rien.

Frédéric: Elles ont des yeux (Augen) et elles ne ____________[6] pas!

Magali: Eh bien, messieurs, prenez donc le programme et ____________[7] – bien à «France 2»! 20h20, dimanche 14, et qu'est-ce que vous ____________[8]?

Yves: Zut! On est le 14! Pas le 21!

Brigitte: Et toc! Un à zéro! Nous avons des yeux, nous ____________[9] et surtout nous ____________[10] le film maintenant!

Test

I. In dem Viereck unten sind 16 konjugierte Formen der Verben dieses Kapitels versteckt. Suche sie in horizontaler, vertikaler und diagonaler Linie.

A	D	U	M	V	I	E	N	S	P	E	L
B	O	B	U	V	E	Z	H	B	D	C	J
O	R	C	E	I	F	C	G	Q	O	R	T
I	M	L	M	E	T	S	R	C	R	I	P
V	O	I	T	N	C	L	T	I	S	V	S
E	N	S	V	N	L	I	Z	P	S	E	B
N	S	O	M	E	T	T	E	Z	V	N	X
T	L	N	Y	N	D	T	I	E	N	T	Q
B	I	S	A	T	F	V	O	Y	E	Z	U

je/tu ____________________ nous ____________________

je/tu ____________________ nous ____________________

j'/tu ____________________ vous ____________________

je/tu ____________________ vous ____________________

je/tu ____________________ vous ____________________

elle/il ____________________ elles/ils ____________________

elle/il ____________________ elles/ils ____________________

elle/il ____________________ elles/ils ____________________

16 points

Hast du alle Formen gefunden? Prima! Schreibe nun noch die Infinitive dieser Verben in alphabetischer Reihenfolge auf.

____________________ ____________________ ____________________

____________________ ____________________ ____________________

____________________ ____________________

8 points

II. Pendant les vacances

Magali ist bei ihrer Austauschpartnerin Katrin in Deutschland. Magalis Eltern haben noch keine Post von ihrer Tochter, schließlich rufen sie sie an. Vervollständige den Dialog mit den vorgegebenen Verben. Die unterstrichenen Verben sollen verneint werden.

<u>écrire</u>	Allô, Magali! Tu vas bien? Tu ______________ ______ beaucoup.	Oui, maman, mais je ______ beaucoup.	lire
sortir	Ah bon! Et toi et Katrin, vous _________ le soir?	Oui, on sort avec des amis. Rolf et Peter ________________ nous chercher (abholen) à la maison.	sortir venir
<u>boire</u>	Mais, tu ___________ ______ d'alcool?	Ecoute, maman, nous _________________ des jus de fruits.	boire

dormir	Et, tu ________ aussi?	Mais oui! Je ________ assez. La mère de Katrin ________ le réveil (Wecker) toujours à 9 heures.	dormir mettre
		Est-ce que vous ___________ aussi en vacances?	partir
partir venir	Nous ______________ dans deux semaines. On ___________ peut-être te chercher.	Ah bon! Mais alors vous ______________ encore aux parents de Katrin?	écrire
mettre	Tu sais, nous ___________ la lettre à la poste, tout à l'heure.	Ah, d'accord… je ___________.	voir

15 points